河崎眞澄——著

龔昭勳——譯　李明峻——監修

李登輝秘錄

目錄

第2章　在日本統治下出生

第3章 大東亞戰爭與台灣

第4章 政治迫害時代的苦惱

第8章　日本啊！台灣啊！

推薦序

父後一年・重新搭起台日橋樑

李安妮（李登輝基金會董事長）

二〇二〇年七月三十日，曾任《產經新聞》台北支局長的河崎眞澄先生，將其撰寫的《李登輝秘錄》日文版寄到了台灣，希望把這本著作送給我的父親。但在同一日晚間，父親於台北榮民總醫院安息主懷，因此無緣見到出版，這是非常遺憾的事情。但或許是上帝的安排，原本預計去年九月發行的《李登輝秘錄》中文版，因緣際會下選擇在父親逝世週年時出版，也讓我有機會為本書撰序。

為什麼會說是上帝的安排呢？因為如果是去年九月，當時除了要承受內心哀痛與不捨之外，還要盡孝於喪禮的各項事宜，自然沒有心情也沒有時間為此提筆。此外，《李登輝秘錄》日文版序就是由父親所寫，而且是他生前的最後一篇文章。沒想到在過世一週年後，我們父女能以如此奇妙的方式「同框」，因此我確信這是上帝的安排。

父親一直十分掛念台灣與日本的關係，這不只是單純因為他生於日治時期，而是認為應重視台日之間的特殊歷史脈絡，並且以此為基礎深化兩國的情誼。因此父親還在任總統的時候，便積極提升對日本的關係，卸任後也依舊為此努力著。儘管台灣與日本目前仍然沒有正式的邦交，但「台日友好」已非空泛的口號，而是事實的寫照。雖然兩國之間還是有些待解決的問題與爭議，但就像兩位好朋友偶爾也會意見相左，不過堅實的友誼絕不會輕易消失。而日本雖有不少關於父親的書籍，但河崎先生不僅運用大量的資料，更花費了不少時間登門採訪，呈現一位日本專業新聞人視角下的李登輝，《李登輝秘錄》也成為去年日本的暢銷著作。如今中文版問世，期盼更多台灣讀者能感受到河崎先生的用心，共同回顧父親治國與處世的智慧。

我目前也接任李登輝基金會的董事長，而該基金會的創辦人與首任董事長，當然就是我的父親。事實上，父親雖以九十八歲的高齡離世，但他還有許多未竟之志。例如持續深化台灣民主、提升台灣主體意識，以及李登輝紀念圖書館的設置等等。因此哲人雖遠，但留給我們的功課其實也是不少，因此自然不能只有懷念，而是將其遺志付諸實踐。就如同那句令人動容的話：「台灣啊，要交給你們了！」讓我們彼此共勉，因為李總統確實已將他深愛的台灣，託付在我們每一個人身上。

推薦序

認識眞實的李登輝

——序河崎先生《李登輝秘錄》

陳儀深（國史館館長）

李前總統登輝先生於去（二〇二〇）年七月三十日去世以後，台灣各界紛紛表達對李先生的看法、以及如何紀念的主張，其中可能以「骨灰撒玉山」、「不要葬在五指山與黨國軍頭為伍」最引人注目。八月十九日家屬代表李安妮在治喪大員會議上說：父親所言「骨灰撒玉山」只是個概念，用意是顯示他希望與台灣這塊土地永遠在一起；父親若有所謂遺願，最重要的應是台灣民主更深化、台灣人民更團結。安妮小姐沒有說出來的話是，深藍和深綠都反對安葬五指山，反映的是同一個邏輯，若遵從這個邏輯豈不是繼續分裂下去？

人的一生說過很多話、做過很多事，其間恐怕不乏互相矛盾的地方，但哪一個才是「真實」的呢？國史館參與整理李登輝大事記／生平事略時，對於李先生當年曾加入共產黨的事，也聽到是否應該略而不談的主張。事實上，李先生接受國史館口述訪談時已經坦然交代他一九四七年十月入黨、一九四八年退黨的經過。如果注意到時代背景，就會理解二二八以後不少台灣青年加入中共地下黨並非那麼信仰共產主義，而是為了反國民黨，何況當時的中共與後來「竊據大陸」且常威脅要解放台灣的中共是不同的，有什麼好避諱？

可見，要認識真實的李登輝並不容易，除了要掌握「事實」層面、還要注意歷史解釋的問題。可惜人們對於事實常採取選擇性地認識，或是基於政治立場做扭曲解釋，都是常見的事。

日本《產經新聞》記者河崎眞澄先生，在一九九六年台灣首次總統民選就曾來台採訪，二〇〇二至二〇〇六年擔任《產經新聞》台北支局長，這段期間透過採訪與李前總統建立情誼、獲得信任；二〇〇五年當連戰以黨主席身分去中國訪問時，他也從台北出發全程跟訪，可以說對台灣二十幾年來的政治發展有難得的近身觀察機會。如今他將一系列專訪李前總統的文章集結成《李登輝秘錄》，日文版在二〇二〇年七月三十一日問世，現在經由我們共同的好朋友龔昭勲先生譯成中文、由前衛出版，正逢台灣社會熱烈關注討論李登輝的此刻，個人認為本書提供了很好的資料與視角，讓我們更容易看到真實的李登輝。

例如，評價李登輝的時候，如何看待他對蔣經國的肯定？本書用一整章（第五章）談「蔣經國學校的畢業生」，除了引用國史館出版李登輝的《見證台灣：蔣經國總統與我》，還有旅日建築師郭茂林、郭純父子，以及秘書鍾振宏、小栗山雪枝等人的證言，最重要的是作者自己的判斷：若從戰後台灣二二八事件和白色恐怖而言，蔣氏父子確是「千古罪人」，但是在東西方冷戰結構中，國民黨政權使台灣避免被中國共產黨併吞、赤化，這個側面「李登輝有意識到」，而且，「尤有甚者，是由世襲絕對權力的蔣經國解除戒嚴與容許在野黨成立等，從而埋下民主的種子，才讓李登輝能在總統任內使台灣民主化路線開花結果。此點絕對不容忽視。」此外，對於一九七〇年黃文雄向蔣經國開槍這件事，李登輝不以為然，因為「使用暴力追求民主化絕對是矛盾的」。作者同時拿黃昭堂來比較，承認這是「獨立運動家」和「現實主義政治家」基本差異之所在。

本書不只談論李登輝，而且是「透過其生涯思考台日關係，同時試圖形塑包含美國、中國等相關國家的近現代史」。作者追尋他的前輩司馬遼太郎的腳蹤，企圖鑽研李登輝的內心世界，遍訪相關人士並參考新發掘的史料，描繪出諸多不為人知的史實，謂之《李登輝秘錄》至為速配。本人願藉此機會，向河崎先生表達敬意與祝賀之意。

推薦序

權力是實踐信仰的工具

葉啟祥（中山長老教會牧師）

李總統原來不是基督徒。十五、六歲開始，因為個性越來越固執，自我太強了，強到連母親都為此傷心！他想要克服自我，曾在心裡問：「人是什麼？我是誰？」而祖母的過世，使他經歷親人死亡，更想要問：「死亡是什麼？」接著身處經歷二次大戰後百廢待興、物質缺乏的台灣，便思考：「肉體與物質又是什麼關係？」可是當台灣物資充足，社會繁榮了，人民卻心靈空虛了！這更使他強烈地追求信仰。最後，曾經有五年每星期去五天教會，但是他困惑、遲遲無法接受基督教的理由，是教義中：「童女懷孕、上帝化為基督肉身、人從死裡復活」，這些基督教教義無法通過他的理性，還好當時牧師告訴他：「基督教信仰最偉大之處，在於你相信你無法看見的一些東西。」用信心找到了神的存在，這才撫平李總統心中的矛盾與痛苦。

成為基督徒後，公職便成為李總統的信仰實踐。直到他離開世界之前常掛在嘴邊的就是：「我不是我的我，李登輝也不是李登輝的李登輝」。這句話源自聖經加拉太書二：二〇節：「現在活著的不再是我自己，而是基督在我裡面活著」。這句話對李總統至少有幾個意義：一方面「不再為自己活著的無我」，二來經過唯物論、唯心、其他宗教操練，或是用盡我的智慧、我的情感、我的意志的努力，都是在「人」的層次上努力，人以外必須信靠一位上帝。在我以外的這位上帝，要內住在我裡面。最後，信仰不再只是「虛空地否定自我，而是充實地與基督同在；不是不停空想，而是實際的行動；不再只是有憐憫的情感，而是像基督一樣做出愛人的行動」。李總統就是用基督奉獻的精神來推動台灣的民主化。

以基督信仰落實在執政中，就會產生不同的執政態度。我曾經問他說：「李總統，請問一個有信仰的執政者和沒有信仰的執政者有何不同？」他說：「有信仰的執政者：落實在執政中就是要落實『愛與公義的原則』。你有一個負責任的對象，你所做的，不僅僅為自己做，為百姓做，將來更要『向上帝負責任』。

不只理性無法做到，由感情所發展出來的行動也不能做到像信仰這麼深意識的發揮！你相信上帝，然後去做做看，有此基本的認識就可以用行為來克服你理性所無法瞭解的事。」

最後，有信仰的執政者，會有上帝可以倚靠。每當感覺軟弱時，面對孤單時，不寒而慄的恐懼就來到，「能給我精神和勇氣的，只有我們信奉的上帝了！」如此，領導者就不會恐懼，可以在艱難中繼續改革。他和夫人每次遇到緊急事態時就會一起禱告，然後點出聖經的章節，在十二年總統任內，他經歷五十次得到上帝用聖經回應的禱告。

由此可以見到，李總統從年輕追尋基督信仰，進而確立自己的信仰成為執政的實踐，最後在驚濤駭浪的改革中，得到上帝極大的幫助；從人的角度來想，他幾乎不可能地，完成台灣民主化的寧靜革命。在於上帝存乎一心，而上帝亦興起一切的環境，真如聖經歷代志下十六章九節所言：「耶和華的眼目遍察全地，要顯大能幫助向他心存誠實的人。」

前言

「若要討論國家是什麼，我想從國家起源論來思考台灣的實況。全世界沒有比台灣更具魅力的典型了。」

作家司馬遼太郎（本名福田定一）在一九九四年出版的《台灣紀行》（朝日新聞社）中，以這樣的文字來描述台灣。「魅力」這個詞，是司馬先生才會有的精采表現方式，的確，日本人在思考「國家是什麼」這個問題時，應該找不到比台灣更重要的存在。

台灣既是親近的鄰居，也是使人懷念的親族，甚至如同血親；另一方面，又是讓日本人感到痛心的存在。曾屬「同國」共同生活五十年，但戰後台灣卻不得不在嚴酷的國際情勢中被孤立，總不被當成「國家」對待。這般台灣的近現代史，日本與日本人都曾參與甚深，並需負上相當責任。

李登輝先生在日治時期的一九二三（大正十二）年一月十五日出生於台灣，先後就讀舊制台北高等學校、京都帝國大學（現改制為京都大學），為農業經濟學家；在諸多偶然中成為國家元首，將戰後處於獨裁政權的台灣提升為民主國家。

李登輝先生將右手高舉至頭，用日語說著：「我到二十二歲為止都是日本人！」當然，李登輝先生所說的日本人，並非指國籍或民族。他所要表達的意思是：在他的深層意識裡，迄今仍流淌著昔日光輝時代的日本教育。「當時所有台灣人都接受日本教育。不像戰後日本受到偏頗教育的影響，那種純粹的日本精神教育，至今都還留存著。」李登輝先生笑著繼續說道。

我試圖從說出這些話語的李登輝先生身上，探詢源自大正、昭和，串連平成與令和時代的軌跡，透過其生涯思考台日關係，同時試圖形塑包含美國、中國等相關國家的近現代史。我想從李登輝先生及相關人士的證言，加上新史料，描繪不為人知的「史實」。

與日本關係密切的李登輝先生，究竟如何讓台灣從日本放棄領有權、被獨裁政權迫害、被國際社會孤立中脫胎換骨，和平開拓出讓台灣成為民主國家之路。我也很想知道台灣島上的人們如何生活？今後將朝什麼方向前進？我更期待透過對這些問題的追本溯源，了解漢民族占多數的台灣人和中國的中國人之間，有什麼共通與相異之處？

從九州經沖繩再往前，就是浮於海上被稱為「美麗島（福爾摩沙）」的台灣本島。自數萬年前就生活在島上的原住民，與數百年前從台灣海峽對岸的中國福建等地，為追求新天地乘風破浪渡海而來的漢民族共同生活。李登輝先生的祖先也是在數代之前渡海來台。據聞，從中國渡海前來的漢民族大多為男性，有些人和原住民女性聯姻生子。

深究歷史，距今一百二十五年前的一八九五年，日本在與清國的甲午戰爭中獲勝，同年四月十七日簽訂馬關條約，取得從清國割讓的台灣諸島，並將之劃為日本領土的一部分。其後，直到日本戰敗的一九四五年為止，日本有五十年將台灣視為本國屬地，提供在台生活的全體居民日本國籍，姑且不論好壞，也在台施行同化政策。李登輝先生就是在此歷史現場的其中一人。

但在終戰後，美國等盟國將台灣交給當時統治中國的蔣介石所領導的中國國民黨政權。至於原來出生在台灣、被以「日本人」教育的李登輝先生等台灣人，不僅被剝奪日本國籍，更被強迫成為「中華民國」國民。身為舊日本陸軍少尉的李登輝先生，在日本本土迎來了終戰，但也隨之失去日本國籍，於一九四六年返台。

台灣人的歷史巨輪自此逆轉。戰後四年，毛澤東率領的中國共產黨人民解放軍在「國共內戰」中獲勝，於一九四九年十月在北京成立共產黨政權的「中華人民共和國」。

而蔣介石與國民黨政權則帶著約兩百萬的軍人、眷屬以及相關人員，逃亡到自一九四五年握有統治權的台灣。

蔣政權一面政治迫害原本具有「日本國籍」的台灣人，一面在東西冷戰的時代，與台灣海峽對岸的北京共產黨政權持續在政治、軍事上激烈對立，有時甚至有局部的戰鬥。最終仍在一九七一年失去聯合國席次，一九七二年與日本斷交等，漸漸被逐出國際社會。

北京的共產黨政權不斷強調：「中華民國（台灣的官方名稱）已滅亡。中國的正統政權是中華人民共和國，台灣是中華人民共和國的一部分，不具有國家主權。」迄今，包括不讓台灣參與世界衛生組織（WHO），長期施加各種政治壓力排除台灣，其思考的原點即在於此。

另一方面，在李登輝政權所建構的政治基礎上，今日台灣已是一個由全體選民選舉的民主化政治實體，也具備有效統治的領土，超過兩千三百萬的人口，同時擁有自己的軍隊、貨幣、金融制度、關稅領域、郵政制度等。此外，台灣還與梵蒂岡、帛琉、馬紹爾群島等十五國維持正式的外交關係。

如此說來，台灣完全具備成為「國家」的條件。但是，台灣卻不得不宣稱自己是使用蔣介石所帶來「中華民國憲法」的「中華民國」，導致國際社會不易決定台灣到底是不是一個「國家」？誠如司馬遼太郎所言，在思考「什麼是國家」此議題上，台灣是不可或缺的存在。

共產黨與中華人民共和國、國民黨與中華民國、台灣與李登輝，加上在近現代史上關聯甚深的日本。我託付記者生涯採訪與執筆《李登輝秘錄》，在某種程度上，也成為探問「日本是什麼？」、「日本人是什麼人？」之解答的旅程。當然，現在的台灣是外國，台灣人是外國人，不過我卻反覆思考，台灣和台灣人是否正是日本和日本人的寫照？

在找尋不為人知的史實過程中，兩岸高層間檯面下聯繫管道的「密使」等相關人士的最新證言，還有數百件在李登輝政權時代，從台灣政府在日美等國駐外據點向台北外交部傳遞的「機密電報」紀錄。我很幸運的，能擷取部分隱藏在前述檔案中的貴重資料，將其納為本書內容。

另一方面，我也直覺認為在日本文化的深層，應該有從台灣歷經漫長時光傳承的部分。由於篇幅限制無法詳述，但如「氣節」、「名譽」等武士道基本思想，與台灣原住民的想法或行為，兩者有著不可思議的共通性。這是否有可能是台灣原住民的想法隨著黑潮流傳到沖繩，經由九州、四國，接著傳到本州，最終給日本人帶來某種程度的影響呢？

若真如此，究其根源，生在台灣的人們除了漢民族也承繼原住民血脈，身處面對諸多自然災害的海洋國家；與自然環境相近的日本人之間，無論在思考方式、文化或行為模式都高度雷同，構築了相互影響的歷史與情感紐帶，此種假設應該可以成立吧？

本書多次提及「武士道」對李登輝先生有很深影響，我認為這也是他的發言能一再觸動日本人心弦的背景之一。不只是戰前受過日本教育，而是話語中某處有著雙方祖先長遠以來的連結，此點絕對不足為奇。每次見到台灣人或台灣原住民，內心總會感受到一股熱流的衝擊，我想在日本人當中，應該也有人流著台灣原住民的血液吧？

再次思考現代台灣與日本之間的緣分，首先浮現在我腦海的是李登輝先生與司馬遼太郎先生兩人交心的畫面。他們倆同年出生，也都曾以舊日本陸軍軍官身分體驗過嚴酷的大東亞戰爭，可說是所謂的戰友。兩人從一九九三年開始的連結，在一九九四年三月對談「台灣人的悲哀」時開花結果。

藉由一九九四年十一月《台灣紀行》的初版發售，更加提升台灣在日本的存在感。雖然有點自誇，不過產經新聞當時確實參與此事極深；司馬遼太郎從一九四八年到一九六一年的十幾年間，曾是產經新聞的記者，直到一九六〇年以《梟之城》一書獲得第四十二屆直木賞，他才離職成為全職作家。

還有也出現在本書的吉田信行先生，他在台北安排司馬遼太郎拜會李登輝先生，當時的他身為產經新聞台北支局長，其後曾出任產經新聞論說委員長。由於這些前輩在台灣建構的實績與信賴關係，我才有機會完成本書。

一九九六年三月，台灣舉行首次總統直選，李登輝先生壓倒性獲勝連任，我相當懷念當年在台灣採訪之事。在投票日後，李登輝先生從「國民黨政權的總統」，搖身一變為「台灣的總統」。

當時在台北市的八德路，李登輝先生站在吉普車上，滿面笑容地向市民揮手致意，滿街響徹雲霄的爆竹聲，路旁擠滿狂熱興奮的市民。此情此景，呈現渴望更進一步民主化的台灣人活力。

那時，我也曾前往軍事緊張情勢持續升高的金門島，透過望遠鏡眺望對岸福建省廈門市的模樣，窺見東西冷戰的遺緒與強國的威脅壓力，真是不可思議的經歷。

遺憾的是，選戰進行中的一九九六年二月十二日，司馬遼太郎先生遽然離世。李登輝先生的內心應該非常期待知己司馬先生，能看到、並迎接台灣民主化重大轉捩點的總統選戰結果，與之後台灣的模樣吧。

本書是將二〇一九年四月三日到二〇二〇年二月二日，在產經新聞日刊分成七十八次長期連載的「李登輝秘錄」重新編輯，同時大幅修正並增添內容而成。同時，依照產經新聞連載的書寫方式，書中所有登場人物的敬稱皆予省略，此點尚請見諒。

二〇二〇年五月十五日　河崎眞澄

《李登輝秘錄》出版寄語

從產經新聞的河崎眞澄先生口中具體聽到，希望在報紙連載「李登輝秘錄」此一企劃案，應該是我在二〇一六年七月前往日本沖繩縣石垣島訪問的時候。當時，身為該報上海支局長的河崎先生也加入採訪記者團行列，他相當熱心地對我和內人提出這個計畫。

老實說，一開始我個人並沒有特別感興趣，因為，我不願意台灣前總統「李登輝」被偶像化。雖說台日無論在歷史或情感上都有著無法切割的關係，但仍然存在許多彼此無法完全理解的部分。

然而，當我閱讀從二〇一九年四月開始在產經新聞連載的內容之後，才發現原來這一切都是我的杞人憂天。連載內容不僅耗費許多時間直接採訪我，也設法從日本、美國等地廣泛聽取許多人士的說法，並收集文獻資料進行分析，客觀地撰述相關事蹟。

同時，此事也幸虧有我完全信賴的李登輝基金會秘書長王燕軍，以及負責日本事務的秘書早川友久，他們兩位認為，當前應該保留日本記者眼中所看到的李登輝以及台灣的實像，並抱持著赤忱的熱情，努力協助使本書得以出版。

政治世界許多時候相當冷酷無情。單憑理想論和情感論，並無法讓國家與國民永續存在，甚至即便只是想維持安定繁榮，也相當不容易。對於為了讓台灣就是「台灣」，如何讓台灣得以續存？此連載實際上精確描述了我這些思考的本質。

已有不少批評李登輝的書在台出版，我個人也出版過數冊講述自己想法的書籍。然而，一位日本記者能用冷靜透徹的目光，詳盡地透過李登輝這個人來看台灣艱難走過的民主化歷程，本書應該算是開啟先例。

本書幾處評論關於我個人或環繞台灣的各個問題，回顧身為總統在那個時間點認為是正確的判斷或行動，後來也不一定絕對都是正確的。這些問題點被重新指出，其情況也確實如此。

當然，書中也有台灣年輕記者無法撰寫的內容。譬如描述我在二〇〇七年六月前往位於東京・九段的靖國神社參拜，並與戰爭中陣亡的兄長李登欽「再會」。日本記者為何能如此深入地理解身為台灣人的我，內心的複雜心情？內人在閱讀過程中也感到驚訝。

我在二〇一五年一月出版的《新・台灣的主張》，與二〇一六年六月出版的《熱誠憂國・想傳達給日本人的事》這兩本書中，皆有描述與河崎先生結緣的契機。那就是關於在日本統治時代的台灣，完成嘉南大圳的水利技師八田與一之「夢幻的演講原稿」。

二〇〇二年十一月，我接受慶應義塾大學學生社團的演講邀約，以八田與一為題，對大學生闡述日本人的精神，特別是強調實踐躬行這件事的演講原稿，但最後由於日本外務省不願發給簽證，導致赴日演講一事無法實現。

當時河崎先生擔任產經新聞台北支局長，他知悉此事後，熱心地提出「希望能在報上刊登這份演講稿」的請求。老實說，當時我對此事並無興趣。除了對原本預定前往日本演講的簽證不被許可而感到不快之外，我也有點擔心新聞報導的內容可能有所偏頗。

當時，他剛到台北赴任不久，我們也僅見過一次面。然而，我還是被他一次又一次來訪的熱情所感動，最後勉為其難地答應刊登，於是囑咐秘書鍾振宏將我用鉛筆手寫的原稿交給他。但關於是否見報一事，我並未提出任何其他要求。

大概是第三天吧，產經新聞竟用全版刊登演講原稿全文。這麼一來，不單是我，連內人與鍾振宏都著實大為震驚。此事確實非常諷刺，原本已無法實行的演講，結果反而讓超過一百萬讀者直接讀到內容，也使得八田與一的存在開始在日本傳開，這真的是非常幸運。

在河崎先生擔任台北支局長期間，曾數度前來採訪。記得在二〇〇六年二月，他即將卸任返國前夕，台灣剛好完成「高砂義勇兵慰靈碑」的移設事宜。在連載中也有提到這件事，我十分高興能參加追悼儀式。

此外，內人也相當信賴他。二〇〇五年五月，我接受文藝春秋的邀稿，特別請他來家裡、拜託他代筆。那次的題目是「治癒暈眩」，文章內容描寫內人曾為暈眩所苦，而我想到有種藥物非常有效，實際上也確實發揮了療效的過程。

我一直認為「誠」是最重要的，「誠」的精神即是「誠實自然」。欲將此點付諸行動，如果沒有「實踐躬行」，絕對不可能落實「誠」的精神。終吾一生，讓台灣的民主化得以大幅進展，是我最引以為傲的事。

在專欄中也特別提到對「李登輝」這個人物在歷史上會被如何評價，但我個人絲毫不感興味。主角應該是目前活著的每一個人，絕對不應是某個人憑著一己之力就能完成民主化，或者是實現國家正常化。

無論台灣、日本或全世界，今後都將面對更為艱困的挑戰。台灣在二〇二〇年一月十一日順利完成第七次總統大選，蔡英文總統成功連任。我深信，我們一定會克服萬難，開拓一個嶄新的世界。

我期待《李登輝秘錄》之成書出版，能引起更多讀者關注，讓更多日本人、台灣人或中國人能以台灣現代史為明鏡，思考自己的現在和未來，朝向正確的道路，實踐躬行，戮力不懈。

李登輝

第1章

虛虛實實的兩岸關係

來自中共高層的密電

「二、三週後將向台灣發射彈道飛彈，但無需慌張！」

一九九五年七月初，台灣已是炎熱的初夏。當時身為現任總統李登輝（一九二三—二〇二〇）國策顧問的曾永賢（一九二四—二〇一九），在台北住家接到這樣一通電話。

電話隨即被切斷，無從得知從何處打來。不過曾永賢清楚知道，這是來自中國共產黨高層的「極機密傳話」。

曾永賢本人曾證實，他就是一九九〇年代初期到二〇〇〇年，在李登輝總統指示下，秘密與敵對之共產黨高層及幹部接觸的「密使」之一。這通電話正是他接觸對象中的某人打來的。

來電的一個月前，也就是一九九五年六月七至十二日，一九六八年取得康乃爾大學農業經濟學博士學位的李登輝總統，接受位於美國紐約州的母校邀請，以「台灣的民主化經驗」為題發表演說，此舉導致中國強力反彈。當時中國顯現不排除動武的態度，使台灣海峽籠罩著緊張的氣氛。此時的美國已於一九七九年一月，與中國建立外交關係，同時與台灣斷交。

電話掛斷後，曾永賢立即趕往總統府，這是日治時期的一九一九年三月建造的歷史性建築。曾永賢擦著汗水，匆忙跑進李登輝辦公室。

針對這通電話內容，李登輝與曾永賢解釋為「雖然要發射飛彈，但不會直接朝向台灣本島，無需慌張採取軍事報復等」的「事前告知」。

這應該是作勢威脅台灣，但仍想極力避免發生軍事衝突的一則訊息。

在曾永賢的記憶中，李登輝聽完這份機密報告後，臉上浮現安心、篤定的神情。

在其後的七月十八日，中國透過國營的新華通訊社發布「將朝台灣近海進行彈道飛彈試射演習」的訊息。並實際於七月廿一日凌晨，從位於內陸的江西省基地發射「東風15」彈道飛彈，落在台灣北方約一百三十公里的東海，彈著點相當接近釣魚台列嶼海域。

結果，這次台灣海峽危機一直持續到次年三月的總統大選，中國在這段期間不斷進行「演習」。美國柯林頓政權也派遣兩個航空母艦戰鬥群前來台灣海峽，緊張局勢益形升高，讓日本也擔心可能發生衝突而強化警戒。但台灣方面直到最後皆冷靜因應，未採取任何報復性的相關舉措。

曾永賢對自己透過情報管道扮演「避免發生最嚴重軍事衝突的角色」，始終感到欣慰。

他是在一九九二年李登輝總統命令下，開始秘密與中國方面迅速展開接觸。根據當時身為總統府幕僚之一、且與曾永賢一起負責相關工作的張榮豐（一九五四—）之記述，那應是在當年八月底開始的。

一九九二年九月三日，中國國家主席楊尚昆突然出現在訪問北京的台灣密使曾永賢（左）面前。（取自張榮豐臉書之授權）

根據曾永賢的說法，他在香港某飯店與共產黨幹部討論兩岸關係的前景時，突然被對方詢問是否有意願前往北京。

曾永賢認為，「這雖是談話氣氛下自然醞釀的結果，不過能去北京談談應該會更好」，因此立即打電話回台北的總統府請示，取得李登輝「去也無妨」的許可。

與李登輝都在戰前接受過日本教育的曾永賢，他在戰後進入情治機關調查局任職，是研究中國共產黨的第一人，同時他也任教於國立政治大學。從李登輝擔任台大教授的一九六〇年代開始，兩人不但同在學術界，也經常促膝長談，討論台灣與中國的關係，對話時幾乎都使用日語。

另一方面，早已調查清楚李登輝與曾永賢兩人關係的中國，準備要給曾永賢來個「Big Surprise」。根據張榮豐的說法，曾永賢在九月二日抵達北京，翌日，時任國家主席的楊尚昆（一九〇七－一九九八），突然以會談對象的身分出現在曾永賢面前。

曾永賢一九九二年與楊尚昆的極機密會談，成為三年後事前告知試射飛彈的特殊管道。曾永賢作為密使的運作，與張榮豐的貢獻幾乎未曾為人所知。

然而，當李登輝被詢及有關「密使」一事時，總是搪塞地說：「沒有什麼密使啦！」對於此事，曾永賢的解釋是：「兩邊（中國與台灣）的相關人士大多都還在世。」在台灣與中國之間，不只政治關係，即使是人與人之間的連結，本來就非常複雜曖昧，無法完全劃分清楚。

二〇一九年一月二日，國家主席習近平（一九五三－）在演說時再次呼籲，要以在中國主權下有社會主義與資本主義並存的「一國兩制」來統一台灣，並強調如果台灣方面無法接受，將不排除使用武力。此時正值台灣將在二〇二〇年一月舉行每四年一次的總統大選。在兩岸間是否仍維持高層秘密溝通管道頗受懷疑的狀況下，軍事緊張情勢再度升高，更何況在這四分之一世紀以來，中國的軍事與經濟實力，已不可同日而語。

在北京取得「不對台動武」的口頭承諾

一九九二年，受李登輝指示與中共幹部秘密接觸的國策顧問曾永賢，在抵達北京隔天的九月三日，中國國家主席楊尚昆突然現身在他面前，面露微笑地說：「中國絕不會放棄反美運動或批判台灣。但是你們有錢，想怎麼做，我們確實無法干涉。實際上我們根本也無可奈何。」

根據曾永賢回憶，與楊尚昆見面的地方應該是在人民解放軍總政治部聯絡部辦公室。當時與曾永賢同行的總統府幕僚張榮豐說明，會談場地是在稱為「國際友好協會」的建築，那是國民黨在中國大陸時期曾作為蔣介石（一八八七—一九七五）住所的建築。楊尚昆之所以選擇與國民黨有相當淵源的建築，或許是想緩和曾永賢與張榮豐的緊張情緒。

同時，根據張榮豐的說法，楊尚昆也向曾永賢說：「如果（兩岸）雙方無法捨棄情緒性的對話或場面上的口號，那就絕不可能成為朋友。」他是以理性且友好的態度，表示希望能建立兩岸檯面下的溝通管道。

作為李登輝總統的密使，曾永賢受命設法探究中國真正的意圖，但中國國家主席親自現身一事完全在預料之外。這或許可以解釋為：中國也極力摸索要建構與台灣高層的秘密溝通管道。

至於楊尚昆發言的背景，是一九九二年九月美國老布希總統決定要賣給台灣一百五十架F16主力戰機，軍售案金額約六十億美金。對於當時經濟極為拮据的中國而言，這可是一筆無法想像的巨額外匯。

隔著台灣海峽對峙的兩岸，由於F16戰機的軍售，雙方的軍事平衡勢必傾向對台灣有利。對此，中國雖然以極為嚴厲的口氣批評美台雙方，但也僅止於「口頭」批判而已。

在聽完返台的曾永賢轉述楊尚昆所言「我們根本也無可奈何」後，李登輝的表情趨於緩和，也可看到一絲放鬆的神色。「這對台灣非常有意義。」兩人的解讀是：這應該可視為國家主席口頭透露在此階段沒有對台動武之意。

中國主張「台灣是中國不可分割的一部分」，至今仍無所不用其極，想方設法要限制台灣在國際上的活動空間，貶抑台灣的國際地位。

那麼，為何中國對應該是重大軍事危機的F16戰機軍售問題，仍然透露想避免行使武力的話語，甚至在一九九五年七月發射彈道飛彈前，事先通知台灣方面不會真的對台造成傷害呢？

事實上，當時共產黨獨裁政權長期執政的中國，國際情勢正處於逆勢。

除了一九八九年六月四日在北京發生的「天安門事件」，促使國際社會制裁中國，同年十一月十日柏林圍牆倒塌，同一時期東歐共產黨獨裁政權接連瓦解倒台，乃至於一九九一年十二月二十五日，連蘇聯都解體，這些都帶給中國共產黨相當強烈的震撼。

與此同時，台灣到九〇年代的經濟力量都還遠勝中國。根據一九九〇年的統計顯示，人口約兩千一百萬的台灣，出口金額約為九百八十億美元，對比同時期十二億人口的中國，出口金額卻僅有六百二十億美元。從雙方經濟實力的強弱，可以清楚看出對台灣有利。

中國實際領導人鄧小平（一九〇四－一九九七），從一九七八年底開始實施改革開放政策，由於受到天安門事件影響面臨重挫。因此，鄧小平在一九九二年初再次指示，要求經濟建設再加速，這就是「南巡講話」。

中國極需要導入台灣的資本與技術，或許私底下也想對台灣的製造業招手，試圖拉攏他們進入中國進而占為己有吧。

無論是政治或經濟方面，到一九九〇年代中期為止，中國在各方面都居於劣勢。因此，中國很可能藉由政治判斷，認為這個時期不應升高與台灣的對立。

另一方面，一九八八年就任總統的李登輝認為，「在天安門事件以及共產國家逐一瓦解的潮流中，或許中國共產黨可以藉由吸取台灣經驗，在某種程度上朝民主化調整吧？」雖然這個期待直到今日仍然無法實現，但當時確實因為有這種想法，他才會囑託曾永賢建構與中國高層之間的「熱線」。

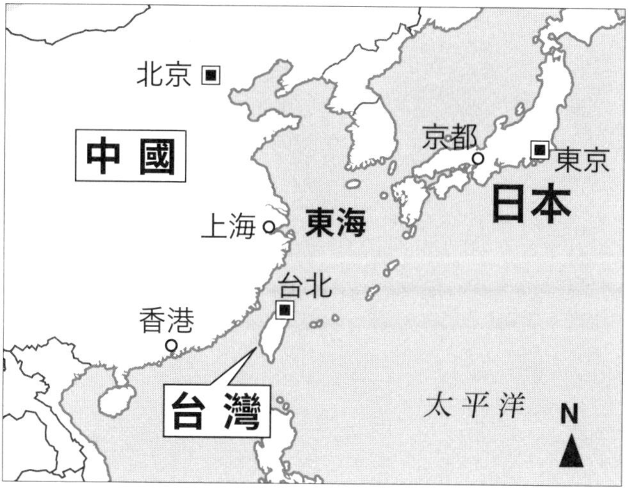

兩岸高層的極機密管道

輔佐總統李登輝的國策顧問曾永賢，於一九九二年九月代表李登輝，在嚴格保密中，於北京與國家主席楊尚昆初次會面。

楊尚昆對神色緊張的曾永賢說：「以後請與這位先生聯絡。」他手指坐在旁邊的人民解放軍總政治作戰部聯絡部長葉選寧（一九三八－二〇一六）。曾永賢透過葉選寧及其部屬，建構楊尚昆與李登輝之間兩岸高層的極機密管道。

事前未被告知將與楊尚昆會談的曾永賢，從香港經由澳門、廣東珠海，於九月二日抵達北京。隨即前往坐落於北京西北方風光明媚的玉泉山，這裡是中共中央軍事委員會的招待所，出面接待曾永賢的，就是葉選寧。

被稱為「太子黨」第二代菁英的葉選寧，

是葉劍英（一八九七—一九八六）次子，其父與毛澤東（一八九三—一九七六）一起參加對日抗戰，列名「中國十大元帥」之一。

葉選寧過去任職工廠時，遭遇意外事故失去右手腕以下，因此伸出左手與初次見面的曾永賢握手致意。葉選寧一開口就語帶玩笑地說：「如果能讓您與您的兄長直接討論兩岸統一問題就太好了。」然而，曾永賢所獲的指令卻是要建構「不被中國統一」的極機密管道，因此面對葉選寧時，並無法說清真實來意。

葉選寧會用這句話做開場白，是因為他與比曾永賢年長十歲的親兄長曾永安關係深厚。曾永安早年留學早稻田大學，戰後前往中國，投身中國共產黨；他後來在中國成家，女兒嫁給人民解放軍南京軍區的幹部，與葉選寧熟識的女婿介紹兩人認識，其後曾永安與葉選寧都貌似曾在解放軍負責搜集包含台灣在內的對外情報的任務。據聞曾永安在一九七〇年代病逝於天津，曾永賢的姪女則於一九九〇年前後兩岸人民往來解禁後訪台，並與曾永賢取得聯繫。不過針對相關細節，曾永賢說道：「再多的，不方便說明。」

一九九三年後，曾永賢回憶：「經由香港、澳門，在泰國或菲律賓、印尼、馬來西亞、越南等地，每年約與葉選寧或其部屬見面兩次。談論彼此的內政或兩岸關係的前途等，坦誠以對，避免誤解發生，是絕對必要的。」

或許，身處海峽兩岸的兄弟倆，各自在所屬陣營執行任務，此奇特命運反而成為兩岸建構熱線的擬「信賴關係」基礎。

根據曾永賢敘述，葉選寧曾提及：「兩岸關係的修復，必須要由知道歷史的我們這一代解決。」

電話秘密通知曾永賢一九九五年七月試射導彈一事的，便是曾永賢也曾見過的葉選寧部屬。

在二戰結束後，無論日本或台灣都曾有一段時間，知識份子由於對「帝國主義」反感，競相研究馬克思·列寧主義，全心投入「共產主義」；從日本前往中國的曾永安，以及小他十歲的弟弟曾永賢兩兄弟，都是屬於這一群人。但由於從日本搭乘的船隻發生意外，使曾永賢未能前往中國，並在返台後被捕，其後被改造而「思想轉向」。

這些歷程都收錄在他二〇一〇年出版的《從左到右六十年》回憶錄中。

李登輝也曾語帶驕傲地說：「當時我也為了要學習共產主義而加入讀書會，因此非常熟悉相關事務。」一頭栽進共產主義的知識份子，其後是否加入共產黨，就成為人生重要的轉捩點。行動派的曾氏兄弟競相加入共產黨，表現出對中國的強烈憧憬；另一方面，學者型的李登輝僅僅只是參加「讀書會」。有些傳言說李登輝曾參加中國共產黨但後來退黨，不過李登輝本人明確否認

新加坡仲介「合辦公司」的構想成泡影

台灣的李登輝總統與中國國家主席楊尚昆之間透過密使，在一九九二年展開的高層極機密情報溝通管道，也曾有認真構思但最後卻成「泡影」的計畫。

接受李登輝指示而與中國持續秘密交涉的國策顧問曾永賢回憶，對口的中國人民解放軍總政戰部聯絡部長葉選寧曾提出「中國、台灣以及新加坡共同出資合組航空公司」方案。

此案的出資比例，中台雙方各百分之四十五，預定作為總公司所在地的新加坡則出資百分之十，這是一個三方合資計畫，李登輝也同意。「李總統可能是想要藉由與中國成立合辦公司，使對中關係更加安定。」曾永賢在接受採訪時如上描述。此為嘗試透過加入第三國作為安全緩衝，尋求建立兩岸信賴關係的突破口。

當時基於安全理由，兩岸禁止航空與船舶的直航，往來都必須經由香港等第三地。此計畫可能是為增加人員往來與擴大物流，以實現「兩岸直航」。

一九九四年五月十六日，李登輝在訪問南非回程時，利用專機必須「添加油料」的藉口，飛抵沒有外交關係的新加坡，進行兩小時的短暫訪問。此時，他向時任新加坡總理的吳作棟（一九四一—）提出合資公司的計畫。

但是根據曾永賢的說法，「新加坡總理提出希望修正出資比例的意見，主張由三方各持有三分之一股份。不過，台灣與中國方面都不同意。因為合辦公司若以此比例持股，總公司又登記在新加坡，將來公司勢必完全被新加坡控制。」兩岸同樣都有此憂慮，使合作計畫擱淺。

而新加坡前總理李光耀（一九二三—二〇一五）在二〇〇〇年的《李光耀回憶錄》一書中，對此事的描述又有些差異。

關於一九九四年五月李登輝訪問新加坡，對吳作棟總理提出合資公司計畫的部分，與曾永賢記憶完全相同。

不過，當時李登輝所提議的是「海運公司」，而李光耀與吳作棟另外又加上航空公司，同時也主張提高新加坡的出資比例，將計畫修改為讓台灣、中國與新加坡三方平均出資的方案，此為李光耀的回憶。但曾永賢在接受採訪時則是提到「航空公司」，兩人的記憶有所出入。

根據李光耀的回憶錄，針對此案，「李登輝表示贊成，不過可以想見在取得中國同意前仍存在許多難關，因此要求新加坡協助解決問題。」從那時開始，新加坡就想要扮演兩岸關係的仲介角色。

其後，吳作棟帶著這個提案訪問北京。一九九四年十月六日，在北京的人民大會堂，與繼任楊尚昆、於一九九三年三月就任國家主席的江澤民（一九二六—）進行會談，以了解其意向。但江澤民撇頭回答吳作棟：「雖然遺憾，但我認為不適合。」李光耀如此描述。

曾永賢也曾努力與對口的葉選寧「說服磋商」，但最關鍵的國家主席江澤民此時卻基於兩個理由並不信任李登輝。

江澤民的不信任感

在台灣總統李登輝的指示下，從一九九四年初開始秘密規劃、交涉，提案要與中國成立合資運輸公司，但居間擔任仲介角色的新加坡總理吳作棟，於同年十月訪問中國進行會談時，相關計畫卻被國家主席江澤民一口回絕。

江澤民並未進一步說明拒絕吳作棟的理由，不過吳作棟前任的李光耀前總理在二〇〇〇年出版的《李光耀回憶錄》一書中指出兩點。

首先是日本的《週刊朝日》在一九九四年五月刊出一篇報導，記載李登輝與司馬遼太郎在台北的對談中，李登輝曾舉舊約聖經的「出埃及記」為例，那是描述摩西帶領遭受埃及迫害的猶太人民離開埃及的故事。

李光耀指出：「李登輝將自己比喻成摩西。」但對一心想要統一台灣的中國來說，也可能將李登輝視為想要率領台灣人民脫離中國的「隱藏獨立派」。

那段司馬遼太郎與李登輝的對談，被翻譯成中文轉載，在兩岸引起相當大的波瀾。這個內容也以「身為台灣人的悲哀」為題，收錄於一九九四年十一月出版的《台灣紀行》一書。

其次是由亞洲奧林匹克理事會（Olympic Council of Asia，OCA）於一九九四年十月在廣島舉辦的「亞運會」所引發的爭議。原本OCA以亞運的國家／地區成員之一，發函邀請李登輝總統參加開幕式，而台灣當局也已應允。

但中國對此強烈反彈，高喊「絕不同意李登輝訪問日本」，威脅要抵制廣島亞運，導致總部設於科威特的OCA，在一九九四年九月以「不邀請政治人物參加」為由，實質上排除李登輝與會。根據李光耀書裡的描述，江澤民認為「李登輝（對中國）沒有誠信」。李登輝將亞運會視為訪問日本的機會，但從揭櫫「一個中國」原則的中國眼中看來，這卻是「反叛者」的做法，江澤民亟欲剝奪台灣或李登輝在國際舞台活躍的機會。

李光耀認為，這兩件發生在一九九四年的事，皆牽連到曾統治台灣的日本，這讓江澤民更加深對李登輝的「不信任感」。

然而，幾乎就在同一時期，有件發生在一九九四年前半年的事，可視為是江澤民對李登輝發出訊號的動向。

擔任國策顧問的曾永賢位於台北市內的自宅，突然有位男士來訪。

那是一手創立台灣海運與空運的大型企業——長榮集團的董事長張榮發（一九二七—

二〇一六），他構想讓江澤民與李登輝兩人在台灣海峽的船舶上舉行兩岸高層會談。

張榮發透過私人管道，向正在中國努力強化經濟的上海幫老大江澤民提議，並已獲得江澤民私下承諾。一九九三年三月甫就任國家主席的江澤民，想逼迫李登輝接受連結統一台灣的「一個中國」原則，讓統一問題成為他在中國內部加分的項目。

然而，聽到此事的李登輝立即否定該提案。李登輝在接受採訪時提及：「張榮發有（擴大與中國海運與航空路線等）生意上的考量，那只是商人的見解。」

李登輝應該從這時開始對張榮發有著強烈反感。

最終，無論高層會談或成立合資公司，都未能實現。一九九五年一月三十日，江澤民以中國共產黨總書記的立場，發表以堅持「一個中國」原則為主軸的對台八項政策（江八點），甚至要求李登輝訪問中國。台灣方面則以「在中國宣布放棄行使武力之後，總統才有可能考慮訪問中國」提出反駁，雙方終究無法達成共識。

對「生意人」的嚴格審核

李登輝總統接受採訪時，一向稱呼那些極力想與中國展開經濟活動的台灣商人是「生意人啦！」，用極為嚴厲的態度看待。

這當中存在著「理想與現實」二擇一的兩難現象。在最重視安全保障的政治家眼中，與隔著台灣海峽對峙的中國進行「生意往來」，僅能讓極少數的一部分人獲利，完全不顧此舉會招致中國的壯大，導致台灣一般國民必須面對安全上的威脅。

提出「兩岸層峰在台灣海峽的船上會談」的秘密方案，被李登輝直接否決的就是正在開拓中國海運與航空市場的長榮集團董事長張榮發。

不過，張榮發在二〇〇三年接受採訪時，承認讓李登輝與江澤民在海上進行兩岸高層會談的計畫受挫，同時做出以下說明。

「當時台灣的經濟仍然（比中國）強大，李登輝可以向江澤民主席要求讓台灣維持現狀九十九年。那絕對是一個好機會！」他對其提案受挫表示遺憾。同時，他特別強調自己並不是僅以對中國的生意為最主要考量，只是李登輝無法理解。

所謂的「維持台灣現狀」，是指以一個異於北京的政治實體，在台北統治著台灣這塊領土的現實。亦即，不先著眼於加入聯合國等能在國際社會被認知為「國家」的明確形式，而只是先讓中國保證維持兩岸現狀，暫時將不放棄使用武力的「台灣統一工作」擱置一旁。這應該是張榮發打的如意算盤。

二〇一一年三月十一日發生東日本（三一一）大地震時，張榮發以個人名義捐出十億日圓給災民，他因這件事而廣為日本人所知。張榮發透過與丸紅等日本企業生意往來，從一介貨船船長，僅僅一代就建構出龐大的企業體，是台灣少數白手起家的知名人物之一。

聽聞張榮發提案的國策顧問曾永賢明白指出，「張榮發先生當時的想法實際上有相當危險的部分。」他認為，「高層會談」可能有被中國利用而落入圈套的風險。姑且不論與會高層人士之人身安全、警備維護等問題，連會談相關內容是否能正確向中國宣達，根本也完全無法保證。

不過，曾永賢也透露：「當時確實思考過兩岸高層會談的可能性。」承認探詢著要與江澤民會談。

雖然各自想法迥異，但那個時期兩岸確實都在設法製造相互接近的機會。

就在收到「廣島亞運」邀請，最後卻因中國極力反對而不得不放棄訪問日本的事件後，李登輝其實還有其他想法。

一九九四年十月三日，香港英文華爾街日報刊出訪問報導，李登輝明白表示：「台灣雖然對於直接與中國會談非常敏感在意，但若是亞運或亞太經濟合作會議（APEC）的首腦會議之類，台灣可以接受。」

還有李登輝於翌（一九九五）年六月訪問美國紐約州綺色佳（Ithaca），在他取得農業經濟博士的母校康乃爾大學演說時提到：「台灣能幫助中國大陸經濟自由化和政治民主化。」同時重申：「本人樂於見到兩岸領導人在國際場合中自然會面，甚至亦不排除自己與江澤民先生在此類場合見面之可能性。」

李登輝前任的蔣經國總統對中共完全堅持「不接觸、不交涉、不妥協」的「三不政策」，但李登輝的方針則是出現一百八十度的轉變。

李登輝的想法是：不是在台灣海峽上的船舶這種封閉空間，而是在國際會議等公開場合，自然地實現雙方高層會談。

但在訪美的次月，從一九九五年七月開始到翌年三月，「中國發射彈道飛彈，這就是他們的回答。」李登輝回憶這件事情時，臉上顯露苦澀的表情。

已逝獨子的「好友」也成爲密使

從一九八八年開始十二年的李登輝政權，除了曾永賢，還有其他數位依李登輝指示與中國秘密接觸的密使存在。

當時擔任總統府秘書室主任的蘇志誠（一九五五—）也是其中之一。曾永賢的角色幾乎無人知悉，相對於此，蘇志誠在李登輝卸任總統兩個月後的二〇〇〇年七月被報紙爆料，一度還曾因對中接觸而被懷疑是否違法。蘇志誠身為李登輝親信，介入內政甚深，因此極有可能引起國民黨內部的不滿。

蘇志誠透過大學時代的恩師南懷瑾（一九一八—二〇一二）居中牽線，與中國國家主席楊尚昆方面人士在香港接觸的事，後來曾被報導。關於一九九一年台灣廢止「動員戡亂時期臨時條款」一事，蘇志誠曾向中國方面事前說明李登輝政權的方針。

根據《傳略蘇志誠》（四方書城，二〇〇二年出版）一書描述，蘇志誠從一九九〇年開始透過南懷瑾，在香港與前上海市長汪道涵（一九一五—二〇〇五）會面，針對如何展開兩岸間準官方層級對話的可能性進行極機密的協商工作。

其後，台灣的海峽基金會董事長辜振甫（一九一七—二〇〇五），與中國的海峽兩岸關係協會會長汪道涵，於一九九三年四月在新加坡舉行首次會談，成功安排兩人首度會談的就是蘇志誠。

接受採訪的蘇志誠雖然對當時的報導「不予置評」，但仍表示：「李總統有解決兩岸問題的決心。」至於針對負責居中協調的南懷瑾，蘇志誠僅答道：「學生不應評論恩師的事情，他是一個偉大的人。」隨即閉口不談。不過他也承認曾多次前往香港島丘陵上的南懷瑾高級住宅會面一事。

南懷瑾出生於中國浙江省，以國學大師聞名於世。他隨同敗於共產黨軍隊的國民黨在一九四九年撤退來台，除了在蘇志誠的母校中國文化大學等校教書，也在台北市內傳授禪學。

汪道涵、辜振甫與南懷瑾的共通點，就是都對內含中國傳統文化或思想的「國學」造詣匪淺。或許就是因為他們共同擁有中華民族歷史的輝煌文化根源，因而成為建構極機密情報管道的信賴基礎也說不定。

蘇志誠第一次在香港與汪道涵接觸是一九九〇年。當時汪道涵與南懷瑾約是七十五歲左右，而蘇志誠只有三十幾歲。那麼到底為什麼六十幾歲的李登輝會重用年輕的蘇志誠呢？

李登輝只回答：「要說蘇志誠是密使，倒不如說他是負責聯絡的人。他是我兒子的好友。」這裡所說的是李登輝的長子李憲文，他在一九八二年三月因上咽喉癌，年僅三十一歲就病逝。蘇志誠比李憲文年輕一點，在大學時與李憲文志同道合，兩人關係密切。在李登輝擔任台北市長時，蘇志誠前往李憲文家拜訪而結識李登輝。

蘇志誠則在接受訪問時提到：「我不認為李總統是把我當成已逝獨子來交辦工作。」他又說：「憲文有許多朋友，李總統是有潔癖的、絕不是那種會聽兒子意見的人，他應該是判斷我適合擔任秘書吧！」

即便如此，周遭還是認為李登輝是將蘇志誠投射為自己逝去的兒子而加以重用。

在政治上處於敵對關係的中國與台灣，無疑地也因人的緣分而如同地下水源般相互連結。與蘇志誠相同，南懷瑾也是李憲文大學時代的恩師。

「九二共識」變「毒藥」

「那是要用來併吞台灣的毒藥！」負責對中政策的大陸委員會，在二〇一九年一月十六日，如此激烈明確地反駁中國。

所謂「九二共識」，是指兩岸的聯絡對口機關於一九九二年十月在香港舉行實務層級的協議，確認「中國本土與台灣是不可分」的「一個中國」原則。中國方面一再逼迫蔡英文政權接受「九二共識」，蔡英文政權則是完全否定此共識存在。

陸委會在聲明中呼籲台灣社會，「要徹底看清中國本質，不要隨便聽從信口開河的說法。」

中國國務院的台灣事務辦公室批評：拒絕接受九二共識的蔡英文政權是「分裂主義」。對主張「台灣是自己國家領土」的中國而言，接受「九二共識」與否，類似於日本江戶時代「踩踏腳底畫像」的做法。（譯註：日本江戶幕府時期，為取締基督徒（或天主教徒），德川政權會在地上擺放基督畫像，要求民眾踐踏，如果拒絕踩踏，即表示其為基督徒，將遭受到懲罰。因此，「腳底畫像」意指拒絕接受就是選擇死亡的象徵。）

結果，到底有「九二共識」抑或沒有「九二共識」呢？當時擔任總統的李登輝強硬地清楚說道：「根本就沒有什麼九二共識。……那是曾任陸委會主委的蘇起（一九四九—），在二〇〇〇年說出的名詞。」直接否定九二共識的存在。

關於一九九二年在香港的兩岸協議，二〇〇一年出版的《李登輝執政告白實錄》（鄒景雯著，印刻出版）有詳盡描述。會談雙方皆非政府代表，僅是民間組織的聯絡窗口，等於是對口機關承辦人之間的協商。

關於雙方單位的名稱，中國方面是「海峽兩岸關係協會（海協會）」，台灣方面則是「海峽交流基金會（海基會）」，雙方出席者皆為負責法務的相關人員。協議內容包括官方文件的相互認證、掛號信函遺失的保障對策等，會議也完全只針對相關實務做討論。

就在雙方開始協商的首日（十月二十八日），中國突然提出針對「一個中國」進行討論的要求，片面發表「雙方都堅持一個中國原則」的消息。但是台灣方面並不同意，事實上也根本沒有任何確認的文件。

同時，時任陸委會副主委，其後在二〇〇八年讓國民黨重新執政成為總統的馬英九（一九五〇—），他於兩岸協議後針對「一個中國」完全否定地指出：「中共的曖昧概念，我們絕對無法接受。」

依同書描述，中國對「一個中國」問題的片面解釋，直到現在都還是兩岸對立基軸的原因。然而，僅是實務承辦人層級的協商爭議，卻反覆進行著「有」或「沒有」這樣的論述，在政治圈也非常奇特。假設實務承辦人員間真有什麼協議，但如牽涉到國家主權的重大議題，也必定需要經過最高層級的再次確認才對吧。

在香港會談之後，雙方開始準備下一階段的工作，那就是一九九三年四月二十七日在新加坡舉行的「辜汪會談」。這是從一九四九年兩岸分治後，首次最高層級的歷史性會談。

李登輝證實：「辜振甫先生在會談進行中，突然打電話回來給我，報告說汪會長要求承認『一個中國』，到底要如何處理才好？我回答『沒有必要同意』。」此點更清楚地說明，無論是一九九二年或一九九三年，根本從來就沒有什麼「共識」。

李登輝的看法是，國民黨在二〇〇〇年總統選舉時大敗，在首次失去政權的恐慌中，蘇起突然說出有「九二共識」。這也是當時突然成為在野黨的國民黨大幅改變方針，開始採取對中緩和政策的瞬間。或許蘇起背後還有其他國民黨大人物操控。

李登輝支持的國民黨候選人在總統大選中敗北，結果卻將敗選的責任全部歸責於李登輝一人身上，最後迫使李登輝辭去國民黨主席。沒有了李登輝的國民黨，吞下「九二共識」這一顆「毒藥」，開始接近共產黨，希望藉此恢復國民黨的氣勢。

蘇起主張的「九二共識」，是「一個中國，各自表述」，但共產黨方面主張「一個中國是中華人民共和國」，而國民黨方面則主張「一個中國是中華民國」，但雙方對於「一個中國」的想法一致，只是國民黨方面稱其為「一中各表」。所以李登輝直接不屑地指出：「那是在虛構基礎上加上一層包裝。」也可以說是一種詭辯。更何況，北京方面原本就只有「一中」的想法，完全沒有「各表」的意思，這是相當明確而無庸置疑的。

中國的軍事威脅是「空包彈」

事實上，從一九八八年到二〇〇〇年擔任總統的李登輝，與對立的中國共產黨之間，建構數個不同層級的交涉或情報收集管道。

除了有極秘密與共產黨高層交涉的「密使」，同時第一線還有表面上採用民間組織型態的海峽交流基金會。從公開資訊到極機密情報，藉由與情報部門聯手，「綜合所有資訊情報進行判斷，反覆檢討對中政策。」李登輝回憶道。

不過，比密使更不能曝光的秘密管道則是「間諜」。其中一例就是以軍事間諜嫌疑遭逮捕，並在中國服刑將近二十年，刑期結束後於二〇一九年一月二十三日返台的楊銘中（一九五五—）。

根據《聯合報》報導，楊銘中曾是警備總司令部成員，他假冒成國際機場職員，被派往中國執行在機場收集人員情報工作的任務。楊銘中以及被認定為其情報來源的中國人民解放軍少將劉連昆（一九三三—一九九九）兩人，於一九九九上半年在中國被逮捕。劉連昆於同年八月執行死刑，楊銘中也被判決死刑，最後減刑關押二十年。

此間諜事件的發端是在一九九六年三月。當時台灣即將舉行總統大選，中國從前一年就持續以軍事威脅對台施壓，並在選舉前夕預告將瞄準距高雄數十公里的近海，進行第三次發射飛彈的演習，希望藉此武力威嚇台灣選民造成不安，導致李登輝落選的意圖極為明顯。

兩岸之間軍事緊張情勢的高漲，最後當時的美國柯林頓政權甚至派遣航空母艦「尼米茲號」與「獨立號」及其護衛艦隊，前來台灣海峽牽制中國。

不過，尋求連任的李登輝於三月七日在宜蘭舉行造勢活動時，針對飛彈演習發言表示：「只是單純的威脅，發射的飛彈是未裝實彈的啞巴彈（空包彈），安心啦！大家要鎮定，團結在一起！」

因為李登輝發言提到「未裝實彈的啞巴彈」，中國人民解放軍認為「可能有誰出賣情報」，因此開始展開內部調查。到一九九九年為止，包含楊銘中、劉連昆等數人被以洩露機密或間諜行為的嫌疑，相繼遭到逮捕。

啞巴彈的情報，即使在解放軍內部也極為機密。除了這次飛彈的情報，也有報導指出，劉連昆六年內藉由提供情報資料，從台灣獲得將近一億日幣的報酬。

一九九五年七月到一九九六年三月的「台海危機」，除了楊銘中和劉連昆，還有許多情報人員在兩岸遭到舉發。

李登輝雖然說出事前獲知「未裝實彈」的情報，卻未清楚說明情報來源，因此確實無法排除情報是來自楊銘中這個管道的可能性。

但另一方面，李登輝的親信總統府秘書室主任蘇志誠則表示：「李總統說出『啞巴彈』，僅是選舉語言，楊銘中等人其實是冤獄。」

中國一直將李登輝視為「台灣獨立派」而持續文攻武嚇，但李登輝的「啞巴彈」發言消除選民的不安，反而對中國的軍事威脅強烈反彈，三月二十三日總統大選的投票結果，李登輝囊括百分之五十四的選票，以高得票率取得壓到性勝利。在此之前，台灣的總統選舉一直是間接選出，直到李登輝主導修憲，在一九九六年三月終於實現總統直選。

李登輝的「啞巴彈」發言，或許成為打擊台灣自身間諜網的事件，但李登輝透過選舉的「發言」這項民主「武器」，實際上保衛了超過兩千萬台灣住民的生命財產安全，也強化了台灣抗中的政治態勢。

「台灣就是台灣，絶對不是中國」

「擔任總統後，一直思考著如何讓台灣成為一個正常化『國家』」。李登輝如此回顧。

一九八八年一月十三日，在中國國民黨政權擔任副總統的李登輝，因蔣經國去世，依憲法規定，於當日繼任為總統。其後，經過兩次選舉，直到二〇〇〇年五月二十日，持續擔任總統職務。

如果探究李登輝所說的話，可以解釋為：「台灣不是一個正常的『國家』」。台灣的面積與日本九州相差無幾，約為三萬六千平方公里。人口接近兩千四百萬，與澳洲相當，比荷蘭、比利時還多。但是，台灣雖然有統治領域的政治實體，卻並非聯合國會員；僅與梵蒂岡、帛琉等十數國維持外交關係，與日本、美國等主要國家都沒有外交關係。

連北韓都已加入聯合國，與超過一百六十個國家有正式外交關係。對日本而言，這麼一個相近「鄰居」的台灣，從國際社會來看，卻是非常曖昧的存在。

另一方面，北京的「中華人民共和國」高舉「一個中國」原則，主張中國本土與台灣不可分割，強硬要求「兩岸統一」。

中央研究院近代史研究所前副研究員林泉忠（一九六四—）指出：「一個非常類似東西冷戰時代的共產主義陣營與資本主義陣營的政治架構，如今仍舊存留在台灣與中國之間。」

從一八九五年就由日本統治的台灣，在一九四五年八月，由於戰敗，日本放棄領有權，台灣由中國蔣介石率領的國民黨「中華民國」統治。同盟國視國民黨政權的中國為「戰勝國」，委託其接收統治台灣。

不過，國民黨軍隊於日本敗戰後仍在中國持續「第二次國共內戰」[1]，最後被毛澤東所率領的中國共產黨軍隊打敗。

一九四九年十月一日，在北京的天安門廣場，毛澤東宣布「中華人民共和國」成立，蔣介石則帶領著國民黨幹部、眷屬以及軍隊，還有廚師、學者等，合計兩百萬以上的人員，在同年十二月從中國撤退來台。

同時，原來放置於北京故宮博物院，總數約六十八萬件的中國歷代皇帝貴重文物，也利用各種管道搬遷到台灣。蔣介石可能認為，取得匯集中華文明精華的收藏品，可以成為主張代表「中國」政權的一個根據吧？

在台北與北京都各自存在著「故宮博物院」，這可說是爭取「中國代表權」的痕跡。如同林泉忠所指出的，台灣與中國分處台灣海峽兩側，各自掌控在共產黨與國民黨手

---

1. 第二次國共內戰：一九四五年二戰結束後，蔣介石所率領的中國國民黨軍隊，與毛澤東所率領的中國共產黨軍隊，因爭奪中國大陸政權開戰。其後，形勢日漸對共產黨有利，一九四九年十月，「中華人民共和國」在北京成立。蔣介石帶領約兩百萬人以上的國民黨軍隊、幹部與家屬等，於同年十二月敗退而逃亡台灣。台灣到終戰為止，都在日本統治之下，同盟國視國民黨政權的「中華民國」為「戰勝國」，委託其接收統治台灣。

一九八八年一月十三日，因蔣經國過世，李登輝依憲法規定由副總統繼任總統，於台北市總統府內孫文肖像前宣誓就職。

中，事實上是分隔的政治，持續著類似冷戰時期共產黨圈與民主主義圈分立的東西德間的關係。這個關係到二〇一九年已經持續超過七十年。

更複雜的是，國民黨的「中華民國」於戰後成為聯合國的常任理事國，但在一九七一年十月被共產黨的「中華人民共和國」所取代。國民黨與共產黨在聯合國代表「中國」正統政權的競爭，至此國民黨的台灣完全敗北。其後，台灣在國際社會地位的劣勢已被決定。

即使如此，在蔣介石與蔣經國獨裁統治台灣的時代，仍然將整個中國涵蓋在其領土範圍內，同時堅持一個「虛構」的故事，以最終要奪回中國大陸作為政策的前提。

一九八八年一月十五日，李登輝就任總統後，於總統府會客室接見來賓。（左右圖皆由李登輝基金會提供）

一九八八年成為總統的李登輝，則在抑制國民黨內部反彈的同時，執行「在寧靜中完成讓『台灣成為台灣，而不是中國』的想法」。也就是說，「拋棄虛構」是李登輝的基本想法。當然更可以說，台灣從此展開了朝向民主化的挑戰。

台灣民主化的最大成果，首推藉由修憲而能在一九九六年第一次舉行總統直接選舉。二〇二〇年一月舉行的總統大選，已經是第七次由全體選民直接選舉總統。

第2章

在日本統治下出生

二十二歲以前是「日本人」

前總統李登輝先生滿臉笑容地將右手高舉至頭，用日語說著：「我到二十二歲以前都是日本人！」

李登輝雙親的祖先都是好幾代前就從中國渡海來台，絕對不可能「與日本人有血緣關係」。但他卻毫不猶豫地說：「我們這個世代的台灣人都有純粹的日本精神」，此處李登輝所指的是「教育」。

李登輝評論道：「明治政府對台經營是從教育開始，從歷史觀點來看，這是未曾發生在歐美列強殖民地的事。」

根據《台灣史小辭典》（中國書店出版）描述，日本在一八九五年開始統治台灣時，立即在台北開設針對台灣人子弟的日本語學校「芝山巖學堂」。三年後，總督府公布《台灣公學校令》，在台灣全區廣

就讀汐止公學校二年級時的李登輝（右）與年長兩歲的哥哥李登欽。（李登輝基金會提供）

泛展開初等教育。

以在家中使用台灣話等方言的子弟為對象的「公學校」（相當於國民小學），台灣全境在一九四一年此階段共有八百二十校，全台幾乎沒有一處無公學校，從最基本的五十音發音開始教授日語。李登輝由於擔任警察的父親工作調動之故，在公學校時期就曾四次轉學。

至於「小學校」的招生對象是雙親受過日本教育，在家中使用日語，被稱為是「國語家庭」的台灣人子弟，或是從內地（譯註：日本統治時代稱日本本土為內地）來台的日本人子弟，這些小學校全台也有一百五十間。

二〇一五年七月十八日，蔡焜燦（中）於台中母校清水公學校（現・清水國民小學），導覽自日治時期遺留下之講堂的。

針對台灣人子弟的公學校，到底實施哪些教育呢？在司馬遼太郎所著《台灣紀行》一書中現身、負責接待司馬遼太郎，且與李登輝也有深交的蔡焜燦（一九二七—二〇一七），曾安排筆者前往其母校：台中的「清水公學校」參觀。那是二〇一五年七月的事情。學校現名「清水國民小學」，戰前的校舍直到今天仍在使用。

蔡焜燦自豪地說：「昭和十（一九三五）年當時，在日本內地都還沒有『視聽教學』，但是清水公學校已經有這種設備。」接著又說：「有時在課堂上看電影，有時聆聽從內地找來琵琶法師（彈奏琵琶的盲僧）的現場演奏。」蔡焜燦全心沉醉在過去的回憶中。

從當時非常稀有的黑膠唱片流洩的音樂，或收音機放送的講古節目等，都會在校園裡播放。從童謠、小學唱遊，到浪花節、軍歌，從童話故事到日本神話，蔡焜燦在公學校時代所學習的東西，直到晚年都記憶猶新。他笑著說，「託日本教育的福，讓大家都可以用眼睛和耳朵來學習，世界觀變得非常寬廣。」

蔡焜燦讀清水公學校時（昭和十年），校長川村秀德曾將視聽教學的內容，利用活字印刷成冊，製作成《綜合教育讀本》。蔡焜燦自費重新印製數千冊，贈送給相關人士。「確實有些日本人對台灣人有歧視性的差別待遇，但是那些熱心溫柔對待台灣小孩的日本人老師，我一生都不會忘記。確實有非常優秀的日本人老師。」蔡焜燦熱切地敘述童年回憶。

蔡焜燦晚年在上下樓梯時仍然使用日語「いち、に、さん」（一、二、三）來數著階梯。當我詢問他為何這麼做時，他回答：「在清水公學校時，日本老師為了讓我們記住數字的數法，都會要求我們每次上下樓梯時，邊走邊口誦數字，這應該是從那時開始的習慣吧！」日治時代的那個單純的台灣小孩，暮年時仍懷抱著赤子之心，他就是蔡焜燦。

二〇〇五年夏天，我在屏東市中心的公園看到一群八十歲左右的當地女性，一大清早就在公園圍成一圈用日語唱歌。

當聽到「今まで知らないアイウエオ、習って手紙がカキクケコ、朝日が強くサシスセソ」（中譯：一直到現在都不知道A、I、U、E、O，學習信件是Ka、Ki、Ku、Ke、Ko，清晨太陽很烈是Sa、Si、Su、Se、So），會自然接唱「くわ振りたんぼタチツテト、暑さも何もナニヌネノ、青田の草取りハヒフヘホ」（中譯：在田地揮舞鋤頭Ta、Chi、Tsu、Te、To，炎熱和其他是Na、Ni、Nu、Ne、No，在翠綠田地割草Ha、Hi、Hu、He、Ho），歌聲繚繞持續著。阿嬤們說，這首歌是小學時代由日本老師教的。

這或許是某位在屏東小學教書的日本人老師，為了要讓自己教導的台灣小朋友學習日語的五十音而創作的歌詞吧。單純使用五十音相似的發音單字，讓小朋友可以反覆練習、熟記五十音，這絕對比伊呂波歌（採用七五七五句型的文言文，日本古代用於學習五十音）都還要簡單。

「月がまん丸マミムメモ、勉強やまずヤイユエヨ、国語教えるラリルレロ、言葉わかってワイウエヲ」（中譯：月亮很圓Ma、Mi、Mu、Me、Mo，讀書停不下來Ya、I、Yu、

E、Yo，國語學Ra、Ri、Ru、Re、Ro，認識單字Wa、I、Wu、E、Wo）；這群應該早已成為阿嬤的女性，仍然懷念著小學時代的情景，唱著唱著，彷彿回到小女孩時的笑聲源源不絕。

一時之間，那身影和蔡焜燦在樓梯數著「いち、に、さん」（IChi、Ni、San，一、二、三）的畫面完全重合。

在李登輝擔任總統的時代，於一九九六年指示進行編纂，並在一九九七年開始在國中使用的歷史教科書《認識台灣》指出：日本統治時代，在台灣的教育普及具有「貫徹殖民地政策」的目的。關於這件事，李登輝與蔡焜燦兩人都深有同感。

李登輝亦做出這樣的評價：「日本教育可以吸收數學或物理、歷史等（從中國古典無法得到）的世界新知識，這是日本教育最大的成果。」

日本時代前的台灣教育，只有有錢人家子弟才能在私塾學習讀寫，藉此學習中國古籍或前往海外求學，一般人根本就沒機會。

根據上述教科書《認識台灣》的敘述，在一九四〇年代約有將近百分之六十的學齡兒童在公學校或小學校就讀，到終戰的一九四五年，日語普及率已超過百分之七十五。台灣人民原已具備的素養，加上日本統治五十年的教育普及，台灣迅即進入文明國家的行列。

李登輝回憶，在好奇心旺盛的公學校四年級，曾執意要求父親為他購買小學館出版的

《兒童百科事典》，並且從頭到尾鉅細靡遺地熟讀。進入淡水中學校時，李登輝也讀遍《古事記》、《源氏物語》、《徒然草》等書，目標是要通過最難的舊制台北高等學校入學考試。

被阻斷世界史教師夢的台灣青年

清國在日清戰爭中戰敗，於一八九五年簽訂馬關條約割讓台灣，台灣成為日本領土的一部分[1]。當時幾乎所有本地出身的台灣人都因此被賦予日本國籍。但並非每個人都如李登輝，由於父親是警察幹部，家庭經濟相對寬裕。至於從內地來台的日本人或其子弟，也不見得每位都會尊重台灣人，確實會有意或無心地存有歧視。

當時日本人稱台灣出身者為「本島人」，是為了要與「內地人」有所區別。

一九二九年出生在台北郊外，戰後在日本推行台灣人人權保護運動的林景明，在其著

1. 日本的台灣統治：在甲午戰爭獲勝的日本，透過一八九五年的馬關條約，因清朝割讓而取得台灣，將其納為領土的一部分。由於日本在大東亞戰爭敗戰，台灣在一九四五年被蔣介石率領的中國國民黨的「中華民國」接收。在日本統治的五十年間，振興農業與工業、普及教育、整備交通網路等等，施行清朝時代所無的政策，完成台灣近代化基礎。另一方面，針對日本的殖民統治，台灣也不斷發生抗日運動。

作《日本統治下台灣的「皇民化」教育》（高文研出版）一書中，嚴厲批評戰前的日本教育。他說：「日本的目標是要養成殖產興業（譯註：殖產興業是日本在明治維新時期提出的三大政策之一。由於當時的明治政府想要與西方列強抗衡，遂以『促進產業及資本主義的發展』，作為推動國家近代化的政策）所需的勞動力，以及使台灣人同化，其間當然存在非常明顯的歧視。」

他還說：「讀書不是為了自己，完全是為了國家。如果不這麼做，中學的入學考試根本就不可能合格。」對於文化、傳統、宗教完全迥異的台灣人子弟，還是有意無意存在著相當程度的思想壓力。

當時為統治台灣，日本在台北核心地帶設置行政機關總督府，並賦予總督極大權力。與李登輝深交多年的「台灣獨立建國聯盟」前主席黃昭堂（一九三二－二〇一一），在一九八一年任職日本昭和大學擔任教授期間，出版《台灣總督府》一書。該書有以下評論：

「台灣總督雖然提倡一視同仁、大家都是日本人，但許多內地人還是以對中國人的輕蔑方式來稱呼擁有日本國籍的本島人。」

同時，黃昭堂也指出：「內地來的日本人無論身分地位高低，即使只是陋巷中小屋的房東太太，也都擺出一副高傲的態度對待台灣人。」

一九三〇年，在山區的霧社地區（現南投縣仁愛鄉），被稱為「高砂族」的原住民，由於不滿總督府的統治政策，發起武裝暴動，史稱「霧社事件」。

原住民被帶往環境嚴苛的建築工地作業，只能獲取非常微薄的薪水，卻必須付出過度的勞力等因素，最終忍無可忍，於舉辦運動會時以武器襲擊日本人居多數的小學校，殺害包括嬰幼兒在內的一三四名日本人。

由於霧社事件，日本出動軍警武力鎮壓。那時也從不同部落徵調其他族群的原住民，利用部落間的矛盾，讓其相互殺戮，慘烈場面時有所見，導致約一千人死亡。當時的總督石塚英藏（一八六六—一九四二）更因此辭職負責。

李登輝很少在公開場合提及日治時代的負面情事，僅曾一次面露遺憾地說：「原本夢想將來要成為世界史老師，但是在知道（高等學校等）不會採用台灣人後，我因此在大學更改攻讀的志願。」

當時台灣的中學或高等學校，還有台北帝國大學（如今的台大），都有一條潛規則：就是不採用台灣出身者成為正式教員。

同時，政界、官僚、檢察官或軍官等，任何能掌握權力的職位，都是相當嚴格的窄門，台灣人幾乎不可能被任用。因此，優秀的台灣青年只能選擇醫師、律師、研究者等高度專業的職業，或成為經營企業的實業家，此外並無太多的出路。

或許當時的日本統治者，相當警戒有才能的台灣人，深恐他們日後可能從事反日運動，因此必須從職別先設下關卡吧。

文武雙全的「岩里政男」

對出生在日本時代的前總統李登輝而言，從小就熟悉的日語可說就是「母語」。李登輝曾說過，「到中學為止，約已閱讀七百本岩波文庫，透過日語接觸到古今東西各種知識。」

李登輝博覽《古事記》、《源氏物語》、《夏目漱石全集》等書，並考取極難合格的舊制台北高等學校，在一九四〇年進入該校就讀。台北高等學校等同於東京「一高（第一高等學校）」、仙台「二高（第二高等學校）」等日本本土的數字學校（譯註：Number school，明治時期創設從一高到八高的舊制中學，在當時屬於全國的超級名校，校友後來大多成為日本的領導菁英），是日本於一九二二年首次在本土之外設立的高等學校，主要是提供上大學前的基本養成教育。

李登輝回憶當年的學校生活，說道：「在差不多四十人的班級中，台灣學生大約只有三、四人，其他全都是內地的日本人，不過並沒有任何差別待遇。」在一年級時拍攝的紀念照片裡，李登輝坐在最前排中央，背景中的校舍迄今仍被國立台灣師範大學延續使用。

舊制台北高等學校時期的李登輝。（李登輝基金會提供）

比李登輝小一歲，在台北高校時期就與李登輝親密來往，戰後進入日本勞動省（現在的厚生勞動省，相當於勞動部和衛生福利部）擔任官員的山口政治（一九二四—二〇一〇）回憶：「岩里學長身材高大，在劍道上沒輸過，而且思緒清晰，辯論時從不失色，實在是文武雙全，當時在學校沒有人能贏過他。」

山口政治口中所說的「岩里」，就是李登輝家的日本姓氏，當李登輝進入中學時，父親決定更改姓名。關於他的日本名字由來，李登輝說：「以里（Li）代替李（Li），加上岩這個字，變得有日本味道，無論是口語還是寫成文字的感覺還不錯，而名字就叫政男。」至於年長兩歲的哥哥的名字，則取名為「岩里武則」。

根據《台灣史小事典》一書的描述，在日本統治下的台灣社會，約在一九四〇年二月開始以許可制實施改名政策。當時約五百萬的台灣人口中，即使到一九四三年年底，僅有約不超過十二萬人改名。

根據《日本統治下台灣的「皇民化教育」》一書的記述，對於這些在家中常用日語的「台灣人菁英」之「國語家庭」，的確有被強制要求更改姓名，這與其子弟在升學考試時能否判定合格有關，也影響到要不要給予加分的優惠。

或許是惦記著孩子升學的心情，家長又是在日本統治機關擔負重要工作的警察幹部，所以李家更改成日本姓名，其實也是很自然的時代趨勢。事實上，早在開始施行改名制度之前，李家已經自發更改姓名。

當時台北高校與內地其他高校一樣，學生熱衷於思考、討論「人生是什麼」這種哲學問題。李登輝說道，「睡著醒著都一直苦惱思考『死與生』」，不過他也從書籍中找到光明的方向。其中，李登輝特別深受西田幾多郎（一八七〇—一九四五）《善的研究》、歌德《浮士德》、倉田百三《出家與其弟子》與卡萊爾《衣服哲學》等書影響，更曾提到：「新渡戶稻造（一八六二—一九三三）的《武士道》這本書決定了我的人生。」

吉田松陰曾說：「即使知道這麼做將得到什麼結果，仍然奮不顧身地去做，這就是日本民族固有的精神。」

李登輝受訪時回憶：「當時還有許多以『武士道』創作的和歌。」並一首接一首背誦出來。

「武士道就是在探索死亡」

當時還是舊制台北高校學生的李登輝，在閱讀新渡戶稻造所寫《武士道》一書之後，「感到如雷灌頂般的衝擊」。那裡頭也有李登輝小時候接受《論語》教育所留下的伏筆。

李登輝出生於台北州三芝鄉（現在的新北市三芝區）。台灣人的父親極為優秀，在當時是極少數警察學校畢業的菁英警官，李登輝表示父親是「擔任刑警」。母親則出身當地有頭有臉的保正（村長）人家女兒，因此李家在經濟上相對比較優渥。

李登輝除在公學校用日語學習許多知識，更接受父親建議到住家附近的私塾學習中國古典。李登輝表示，「我幾乎沒有跟人說過，我在八歲時學習《論語》，孔子所說的話，一直都深深記在腦海。」

例如在面對學生詢問「死」的問題時，孔子回答：「未知生，焉知死？」

少年時代的李登輝或許因為受到《論語》影響，由於一直轉學，很難交到朋友，因此李登輝經常一個人看書。他回憶道：「從小時候就多愁善感，不論是睡覺或醒著，一天到晚都在思考『生與死』的問題，因而一直都處在苦悶中。」

「如雷灌頂」般解開這個問題的關鍵，就是在接觸「武士道」之後。

「未知生，焉知死」，這是《論語》所表現的中國人思維，但佐賀藩藩士鍋島以「葉隱」

精神解釋「武士道就是在探索死亡」，這代表日本人的思維。我們可以了解，兩者在根本上完全迥異。

在那個「戰爭、死亡」迫在眉梢的時代，李登輝或許是藉由思考「死亡」，發覺到自己的內在軸心是「日本人式」的。

當然，李登輝並不是讚美「死」這件事。

台灣出身的評論家黃文雄（一九三八—）在接受採訪時，以「生死觀」與「死生觀」的差異，解釋李登輝的想法。

黃文雄指出，日本人的「死生觀」是意識到死亡才會湧現生的力量，相反地，中國人的「生死觀」是避諱死亡而僅追求現世的金錢或權力，因此生與死兩字的順序顛倒。

李登輝從小就不知不覺一直比較著日本人與中國人的想法吧？

李登輝回顧：「此事是影響我擔任總統後思考判斷到底應該施行何種政治的分歧點。」不僅僅是「死生觀」，對於「公」與「私」的區別，也都依循自古以來日本人的想法，以此為判斷基礎。但另一方面，在需要時也可做出完全相反如中國人般的行動。他就如同油電車混合引擎和馬達，是能瞬間變換的政治家。

身為農業經濟學專家的新渡戶稻造，早在李登輝出生前就來到台灣，曾在台灣總督府負責製糖產業的培育養成，後來在京都帝國大學兼任教授。

李登輝在《「武士道」解題》（小學館）一書中提到，「我毫不猶豫，直接選擇前往新渡戶老師曾經待過的京都帝國大學，並就讀於農學部農林經濟學科。」李登輝應該十分傾倒於新渡戶稻造的思想。

夢幻的演講原稿「以行動實踐的日本精神」

從李登輝前總統身上可以看到，至一九四五年為止的五十年日本統治期間，在台灣所遺留的複雜心情。無疑的，他自己也關心生在這個時代的日本人，並深受影響。

「今天以台灣人最喜愛的日本人之一的八田與一來說明。」

原定二〇〇二年十一月在慶應大學「三田祭」演講的李登輝，他所準備的演說稿題目是：「日本人的精神」，主題正是八田與一（一八八六——一九四二）。

八田與一是在日治時代的台灣，歷經十年在一九三〇年完成大規模灌溉工程「嘉南大圳」的土木技師。由於農業用水不足等原因，台灣南部的西方沿岸稱為不毛之地，但他將其「變為台灣最大的穀倉地帶」，因此李登輝對八田與一讚譽有加。供水量超過一億公噸的烏山頭水庫，總長度綿延一萬六千公里的供排水圳道，經過九十年後，仍在運作。

但李登輝特別強調，他選擇八田與一為主題的原因是：「重視道義、以誠待人、率先垂範與實踐躬行這些一脈相承的日本精神。」

一九二三年九月，由於關東大地震影響，工程預算遭到削減，以「與其用優秀的少數人，倒不如用平凡的多數人來工作」為基本信念，八田與一決定先解僱容易重新找到工作的優秀人士。即使在日本本土也都還到處存有歧視的那個時代，八田與一對於在工程中喪生的作業人員，不分日本人或台灣人，也不論其民族與身分，一律平等地悼念慰問。

同時，八田與一更進一步將有限的水量，平均分配到各個區域，制定讓大多數農民都能受惠的機制，甚至到現場進行農業指導。

李登輝寫道，「日本精神的優點不在於口頭的華麗文藻，而是在實際執行面，抱持真誠的心來做事。」

在八田與一過世的五月八日當天，烏山頭水庫當地的農民每年仍持續舉行追悼活動。

在二〇〇三年的儀式上，曾在八田與一手下工作過的顏雲霄（當時七十歲）接受採訪，他提到：「非常感動於面臨困難也要努力完成工作的八田與一，那是真正的日本人！」

李登輝藉由實際存在且貢獻卓越的日本人為例，向現代的年輕人傳達「日本人的精神」這個價值。

可惜的是，當時預定要在慶應大學舉行的演講，因日本外務省不願發給李登輝訪日簽證，最終無法成行。

二〇〇三年五月六日，設置於烏山頭水固的八田與一銅像，台南的原測量技師顏雲霄（右）將八田視為「兄長」般仰慕。

雖然知道這是因為顧慮中國抗議，但連毫無政治色彩的演講機會都被剝奪，李登輝感受到這和八田與一時代的「日本人的精神」有著極大落差，同時彼此也增加不信任感。

由於演講已如幻影般消失，因此李登輝認為準備好的演講稿「已成無用之物，沒有想要給人」而拒絕提供。但在筆者將近一週不厭其煩，每天拜訪李登輝辦公室，以及其親信鍾振宏（一九二七—二〇一九）在台北市的住家，最後終於說服李登輝，勉為其難提供演講稿。

二〇〇二年十一月十九日，產經新聞用頭版以及國際版的一整版，全文刊登這份演講稿。在看到報紙刊登的次日，李登輝非常開心地找筆者到家中，說：「結果八田與一的偉大功績，反而讓數百萬日本人看到。」

產經新聞獨家報導的原稿，在二〇〇三年發行的《「武士道」解題》一書中全文轉載。

最後，日本外務省終於在二〇〇四年底同意李登輝與家族訪問日本。同年十二月，李登輝拜訪石川縣金澤市的八田與一故居，也參觀陳列在「故鄉偉人館」的八田與一銅像以及相關資料，他喃喃道：「當時的日本人真是非常偉大！」

這份奇幻的演講原稿「日本人的精神」全文收錄在本書附錄。

追尋後藤新平的生存之道

二〇〇七年六月一日，在東京國際文化會館舉行第一屆「後藤新平賞」頒獎典禮。李登輝罕見地滿臉通紅，無法掩飾興奮的心情。

李登輝當天敘述道：「能獲得如此的光榮，這是一生的榮譽，深深感謝！」

日本治台三年後的一八九八年，後藤新平（一八五七—一九二九）開始長達八年多，以台灣總督府民政長官身分活躍的日子。其後他歷任南滿州鐵道的初任總裁、外務大臣等職務。

李登輝在典禮上，以「後藤新平與我」為題演說，列舉十二項具體內容，讚譽後藤新平在台功績。後藤新平從改善公共衛生、整備教育制度、導入專賣制度等，特別是針對從中國引入、在台灣蔓延的麻藥—鴉片，利用專賣制度控制，逐步減少成癮者的政策，李登輝對其手腕給予極高評價。

李登輝對於自己十二年任期的總統時代，提到：「促進台灣民主化的我，與後藤新平絕非無緣。在台灣這個空間裡，兩人有著相當強烈的連結。」

後藤新平以民政長官身分，讓台灣走向近代化的人生軌跡，李登輝將自己擔任總統的時代，與後藤新平重合看待，因此才會有感地說出「一生的榮譽」。

在山岡淳一郎《後藤新平　成為日本羅盤針的男人》（草思社出版）一書有如下介紹：那是醫師出身的後藤新平在擔任內務省衛生局長時，被第四代台灣總督兒玉源太郎（一八五二－一九〇六）提拔為台灣第二號人物的民政長官所發生的事。

當後藤新平被指示要起草施政方針的演說稿時，他卻對兒玉源太郎說：「別做這樣的事。當大家覺得奇怪而詢問為何沒有施政演說時，只要回答『我會依循生物學原則做事』。」

所謂「生物學的原則」，意指重視台灣人的習慣、生活方式，再來思考因應的政策，不要直接移植日本舊有的方式，就如同「比目魚的眼睛是長在兩旁，如果硬要讓其改成如鯛魚一般長在前頭，這是絕對不可能的。」

針對此事，李登輝以「生物學的殖民地論」解釋。

戰後，蔣介石所率領的中國國民黨在台施行獨裁統治，持續鎮壓在地住民。那就是完全不經「生物學」思考的行為。

隨著前任蔣經國總統在一九八八年去世，李登輝依憲法規定從副總統繼任總統，他一直將後藤新平的施政方針放在心上。對於身為既得利益者的比目魚（獨裁體制），無法迫其立即改革，必須從政治上逐步撒網，將比目魚帶進網中，之後才能無聲無息構築讓鯛魚可以游泳的民主社會。

親近李登輝的實業家蔡焜燦提及後藤新平時曾說：「留下金錢而逝者僅屬下等。留下工作而逝者屬於中等。留下人才而逝者方屬於上等。」他一直以這句話作為人生的座右銘。蔡焜燦認為，「李登輝就是後藤新平所遺留下來的人才。」雖然身處完全不同的世代，但是在台灣這個相同場所，李登輝與蔡焜燦兩人皆跨越時空，試圖追尋著如後藤新平一般的人生之道。

「將學生時代與今日台灣重疊，胸口感到一陣火熱」

二〇〇四年歲暮年終，前總統李登輝來到在瑞雪紛飛的京都。這是繼前次取得日本外務省簽證，時隔三年日本再度發給訪問簽證，讓李登輝與其家族能到日本旅行。此次拜訪的地點是李登輝就讀京都帝國大學時代的恩師柏祐賢（一九〇七─二〇〇七）教授的自宅。

此時的李登輝八十一歲，而柏祐賢九十七歲；柏祐賢的住家擠滿日本國內與從台灣來

二〇〇四年十二月三十一日，李登輝訪問京都帝國大學時代恩師柏祐賢於京都柏宅。

的媒體記者。

客廳裡，坐在柏教授身旁的李登輝緊握恩師左手，兩人愉快地談笑將近一小時。

對於兩人時隔六十一年再次見面，柏老師瞇著眼睛愉快地笑說：「完全沒想到能再與你見面！……雖說師徒經過百年仍然是師徒，不過你（李登輝）已經成為天下人了。」

李登輝就學期間，受到還是助教授的柏祐賢的「北支（中國北部）經濟秩序」課程極大影響。李登輝當時是農業部學生，主修農業經濟學。

柏祐賢在戰前曾前往中國東北的舊滿洲國與內蒙古進行農業調查。那是一個與日本氣候、土壤、農作物完全迥異的大陸，除了學術性研究，柏祐賢更針對那些因日本國策被送往中國拓荒的「滿蒙開拓團」農民，進行實際的農業指導。

李登輝從舊制台北高校的學生時代開始，就醉心於曾在台灣總督府工作的新渡戶稻造及後藤新平等人的人生之道。《武士道》一書的作者新渡戶稻造結束台灣總督府的工作後，前往京都帝國大學擔任教授，教授農業經濟學。至於致力推進台灣現代化的後藤新平，則轉任南滿洲鐵道（滿鐵）的首任總裁。

直到終戰，滿鐵都是日本經營滿洲的中樞，肩負農業與工業等整體經濟發展，是日本國家特定法令設立的特殊會社。

李登輝曾說過：「在京都大學念農業經濟時，很想畢業後到滿鐵工作。」他希望能追尋新渡戶稻造與後藤新平兩人的足跡，而這個夢想藉由柏祐賢的授課延續，並藉此連結農業經濟學和到中國東北工作兩者的具體印象。

柏祐賢次子，農業經濟學專家、前京都大學教授柏久（一九四七－二〇二〇），提出另外一位日本人的名字。「讓父親與李登輝成為師徒的決定性因素，是一脈相傳的京都學派西田幾多郎哲學。父親是在西田幾多郎哲學上形塑農業經濟學。」

西田幾多郎所著、一九一一年出版的《善之研究》一書，在戰前是舊制高校學生的必讀書籍。

事實上，在拜訪柏祐賢的數日之前，李登輝造訪位於石川縣河北市的「西田幾多郎紀念哲學館」參觀。在參訪時，他對身旁的人說：「西田哲學是一種『場所的論理』。」

在接受採訪時，李登輝說：「台灣有四百年（包含日本統治時代）都受外來政權的統治。台灣這個（地緣政治學上的）場所，是生為台灣人的悲哀。」

李登輝繼續說：「不過台灣已經民主化。將（念西田哲學的）學生時期的自己與今日台灣重疊，胸口傳來一陣火熱。」彷彿可以感受到民主化的這個「場所」，台灣的「悲哀」已經變成「幸福」。

從台灣、新渡戶稻造、後藤新平、西田幾多郎，思及京都帝國大學、農業經濟、滿鐵、台灣社會的模樣，這些在台北高校時代的李登輝內心深處與台灣的悲哀共存的回憶，應該是和在京都帝國大學隸屬京都學派的柏祐賢之邂逅，將這種種連結在一起。

日本統治時代在台灣施行的高等教養教育，也在京都開花結果了。

「我永遠是那個二十歲的柏老師的學生」

讓李登輝開始深入思索的京都學派，其重要關鍵應該是可以在西田幾多郎哲學看到的「磨合平衡（aufheben、止揚）」[2]吧？

我們可以看出，在戰後的台灣政治世界裡，對於乖離的理想與現實之間的矛盾，李登輝全心思考要如何予以「磨合平衡」。

「民主化的正常國家」是一個理想，但眼前卻是「由國民黨獨裁政權所導致的不健全國家」的嚴苛現實，到底要如何才能解決這個矛盾呢？

過去世界上有無數例子是使用武裝革命，成立一個嶄新的政權，也就是「一切都從頭開始的建國」。在法蘭西王國時代的一七八九年七月十四日，從襲擊巴士底監獄開始的「法國大革命」，就是其中著名的事例。

但革命勢必造成許多的流血，而流血卻不能保證革命一定成功。

李登輝在建造「台灣」這個穩定國家的過程中，對於成為無形枷鎖的「國民黨」、「中華思想」所殘留的虛構與束縛，最終之所以能擺脫，應該就是使用「磨合平衡」的手法。或許這也是李登輝被稱為「哲人政治家」的原因。

面對國民黨內部保守派發動的政變或是時時出現的阻礙，還有來自中國共產黨包含武力威脅在內的政治壓力，再加上台灣內部急獨派強烈要求「台灣獨立」，這種種訴求與壓力，李登輝運籌帷幄，以絕妙的手法平衡政策和掌握人心，同時他探求一個完全不同次元的解決方針，才能讓台灣安全、沉靜地降落在民主化這座機場。

支撐李登輝的強韌精神力與忍耐力，以及實踐躬行的基礎，無庸置疑地絕對是日本教育的成果。李登輝思想的出發點，正是西田哲學與京都學派。

經過漫長的六十一年，終於在二〇〇四年除夕得以再與恩師柏祐賢見面，神情仿若青年的李登輝說：「由於柏老師的教導，我才能忍耐艱難、突破困境，以實踐躬行，一步步朝向讓理想實現的目標。」可以想見，李登輝這時絕對是想要看看柏祐賢教授聽到這句話時臉上浮現的笑容吧！

柏祐賢在二〇〇七年三月二十一日以九十九歲高齡去世，李登輝在葬禮的「悼辭」中這麼說：

「二〇〇四年十二月三十一日那天，柏老師微笑地說：『雖然說師徒經過百年仍然是師徒，但是這個人已經成為天下人。』可是，絕非如此。我在老師面前，永遠是那個二十歲的學生。即使今天老師離開人世，我仍然永遠是柏老師那個二十歲的學生。」

「從台北高校畢業之後，我隻身前往京都帝國大學就讀，沒有朋友，也沒有可以依靠的人，在如此不安的求學生活中，柏老師不僅教導學問，也啟發我關於人生以及人應該如何生存，同時更給我無比的勇氣與鼓勵。」

「終戰後，我返台直到今天，這數十個年頭，無論何時，從未忘記老師的教誨。老師給我的指導，成為我人生的守則。如果當時沒有柏老師偉大的教導，一定沒有今天的李登輝。」

---

2. 「aufheben」（德語）：如理想與現實等，這些相對矛盾的複數個要素，透過對立與鬥爭的過程，藉由嶄新的方法，發展、磨合成統一的概念。日文翻譯成「止揚」。原本是由德國哲學家黑格爾在辯證法中所提倡的理論。在內心深處以李登輝為心靈導師的日本前首相安倍晉三和東京都知事小池百合子等人，都積極地運用這個思考模式。

其後，柏祐賢次子，前京都大學教授柏久出版《李登輝的偉業與西田哲學》（產經新聞出版）一書，書中特別寫道：「我彷彿感到連結李登輝、我父親柏祐賢與西田幾多郎內心的那條看不見的地下水脈。」

對「父ちゃん」的懷念

「父ちゃん（Tou-Chan，對父親的暱稱）」。在談到父親李金龍（一九〇〇—一九九五）時，李登輝仍懷念地用日語暱稱來稱呼。

在日本統治時代的大正初期，李登輝的父親進入警察學校就讀，畢業後被任用為警察。為什麼父親會立志成為警察呢？李登輝回答道：「我並不清楚。」隨後他也說：「父親雖然身材不高，但柔道非常強。」他先是「（一般）警察」，後來也升任為「刑警」。

在後藤新平擔任民政長官時期，台灣總督府在各地設置警察機構。站在維持治安與犯罪搜查的最前線，當然不能缺少在警察學校受過日本式訓練、又能使用當地語言的警察。李登輝的父親因此成為少數的台灣人警察幹部。

李登輝一再敘述一件回憶父親的往事，那是發生在李登輝就讀淡水公學校四年級時。

在搭乘巴士觀光旅行台北市區的前一晚，李登輝有點怯生生地開口說：「父ちゃん，我想在台北買小學館的《兒童百科事典》和數學書。」「當時這些書的金額約是四圓，大概是父親月薪的一成五，父親面露為難表情回答說：『可能沒辦法馬上籌到錢』。」但第二天早晨，李登輝剛上車，就從車窗傳來砰砰砰的敲擊聲。原來是父親低頭向親戚借到四圓，趕在車子出發前跑來，把錢拿給李登輝。

李登輝說道：「當時那個興奮的心情，直到今天都還清楚記得。」後來李登輝徹底仔細地閱讀《兒童百科事典》，幾乎到可以熟背的程度。

不過，對於溺愛兒子又熱心教育的李登輝父親，已故總統府資政史明（本名施朝暉，一九一八－二〇一九）曾透露：「其實在地方上有在傳李金龍不是李登輝的親生父親。」史明與李登輝是同鄉。因為從中學一直到高校，身高超過一百八十公分的李登輝，怎麼看都不像是身高只有一百六十公分的李金龍之子。

甚至在李登輝總統任內或是卸任後，都有以李登輝發言「偏向日本」為由，而揶揄地說：「李登輝的親生父親其實是一個身材很高的日本人。」對於這些說法，李登輝都以「胡說八道」強烈否認，並且反駁：「其實我母親江錦長得很高。」李登輝的母親在一九四六年，年僅四十歲就過世了。

身為保正（村長）的女兒，李登輝的母親來自比較富裕的家庭，但嫁到李家之後仍然經營著雜貨店和豬肉攤，讓李家相對有不錯的經濟環境。李登輝回憶說：「母親非常溺愛我，都會從要販賣的豬肉中切下最好的部位給我。」

然而，開始自我覺醒的李登輝認為：「如果繼續接受母親的溺愛，自己一定會不成材」，因此決定離家前往有學生宿舍的中學與高等學校就讀。

李登輝還有其他懷念母親的事。當時台北市區日式高級百貨公司菊元百貨剛開張，「有次穿著台北高校制服，陪母親買東西。鄉下出身的母親因為有我（身上穿著台灣最難考的高校制服）在身邊，在周圍的日本人和台灣人當中，一定感到相當驕傲吧！」

這也可說是一種「孝行」的表現。在日本統治下，台灣出身者在日本人面前或許都感到抬不起頭，那是時代的產物。這當中也默默傳達著，對於溺愛自己的母親，李登輝希望能讓她以子為傲。

「最辛苦的是FUMI（文惠）」

「這個太貴了！」

二〇一六年七月底八月初，與家族一起前往沖繩石垣市訪問，在當地珍珠專賣店選購飾品的李登輝夫人曾文惠，用這句話阻斷李登輝說話。

當時李登輝選了一條十幾萬日圓的項鍊，正要說：「FUMI，我買這個給妳。」夫婦倆的對話使用日語。最後，夫人選了一件約三萬日圓的別針，而且使用外國人免稅的方式購買。「FUMI從以前就是非常節儉的人。」李登輝笑說。李登輝大都是以日語稱呼夫人名字當中的「文（FUMI）」字，聽說夫人在日本統治時代曾使用「文子（FUMIKO）」這個名字。

李登輝與曾文惠的家族原來就是非常親近的同鄉熟人，兩人在一九四九年二月結婚。在台灣，結婚之後並不一定要改成夫姓，因此夫人繼續使用娘家的「曾」姓。

夫人在讀完台北第三高等女學校後，進入兩年制的女子高等學院就讀，畢業後在一九四四年進入台灣銀行任職。戰後，從日本返台的李登輝，「在就讀台灣大學時，與她墜入愛河」，李登輝回憶。李登輝大學畢業後擔任台灣大學助教，那是在結婚後半年的事。

夫人回憶道：「結婚前，家母看到李登輝，說：『這個人應該不會只安於當一個學者』，但其實我單純只想平凡地當一個學者的妻子。」

二〇一六年八月一日，訪問沖繩縣石垣島時採購珍珠項鍊的曾文惠（右）與李登輝（左）。

李登輝轉換跑道成為政治家，甚至最後成為總統，包括李登輝本人在內，根本沒有任何一個人能料想得到會有如此發展。於是令人好奇的是，文惠夫人的母親當時到底從李登輝身上感受到什麼呢？

身為政治家的妻子，曾文惠最痛苦的應該是二〇〇〇年李登輝卸任總統後。親中的新黨立法委員一再指謫、毫無根據的中傷：「李夫人逃亡海外，被美國海關查獲裝滿大量美鈔的行李。」

事實上，夫人當時根本沒有出國，也沒有大量美金現鈔，因此夫人以毀謗罪控告這名立委。經過無數次法庭爭辯，終於在二〇〇二年一月於高等法院勝訴。

夫人在一九六〇年受洗，而李登輝則是受到夫人影響，在翌年受洗成為虔誠的基督徒。當碰到無法判斷的困境時，夫妻兩人總會翻開聖經，尋求解決方策。李登輝用「最辛苦的是這個人」稱讚夫人內助的辛勞，也是要對在那個不熟悉的政治世界中，陪伴他一起度過困難的夫人致上謝意。

另一方面，李登輝曾明言：「如果夫人太過出頭，那個男人絕對無法信賴。」

有個比李登輝早幾年出生，也就讀日本的帝國大學，戰前就被提拔到總督府任職的優秀台灣男士，且戰後也擔任台灣政府官員，在職務崗位上發揮長才。

但那位男士的夫人數度前往總統府，要求「讓我丈夫當內閣閣員」，李登輝一直到最後都沒有答應。因為李登輝認為：「看到夫人的言行，就可以知道他本人真正的氣度與能力。」不只對這位退休後轉到民間企業任職的男性，李登輝同時也不忘觀察政界官界人物的配偶。

然而，李登輝實際上不只強調夫人的內助，也非常相信女性的能力。

他在擔任總統期間，曾重用女性郭婉容（一九三〇—）擔任財政部長。她也是戰後第一個擔任閣員的女性。一九八九年在北京舉行的國際會議，他更指派郭婉容前往赴會，在會議中進行交涉。二〇一六年成為台灣首位女總統，二〇二〇年更連任成功的蔡英文，原本是國際經貿法學者，由李登輝在一九九〇年提拔擔任政策智囊角色，而後到達今日的巔峰地位。

客家的政治手法「不屈又頑固」

一九九四年十一月出版的司馬遼太郎《台灣紀行》一書中，出現以下場景：

在台灣東部採訪的司馬遼太郎一行人，與當時擔任總統的李登輝在花蓮的飯店再次會面，李登輝一開口就說：「司馬先生，我是客家人喔！」

客家也是漢民族的一支，擁有獨特風俗習慣與文化，據說全世界約有四、五千萬人。

他們在古代中國，因戰亂從黃河流域，一直逃亡流落到福建省與廣東省的山區，其中一部分在數百年前渡海來台。

根據司馬遼太郎的解釋，「客家指的是『外來者』。」他們被迫離開故鄉，到蠻荒之地開墾。對於密切往來且與自己同齡的司馬遼太郎，李登輝透過熟人探聽得知他非常關心「客家」，因此情不自禁地說出自己的祖先也是「客家」。

一九九三年一月五日，李登輝致贈紀念品給訪問總統府的日本作家司馬遼太郎。

司馬遼太郎舉出，在中國辛亥革命成功的孫文（一八六六—一九二五）、進行改革開放政策的鄧小平，還有新加坡前總理李光耀等人，都是客家出身。

新加坡是面積約東京二十三區大小的島國，華人占人口百分之八十；於一九六五年八月從馬來西亞獨立，一方面要與周邊伊斯蘭國家折衝協調，一方面又要發展經濟。對李光耀的手腕，司馬遼太郎讚許「他是最像客家人的政治家」。

客家的普遍特徵是什麼，並沒有明確的論斷。不過，台灣亞東關係協會（現稱台灣日本關係協會）前會長，以身為李登輝親信著稱的彭榮次（一九三四—）明白表示：「客家特徵是不屈不撓的精神，頑固且堅持。」

彭榮次也是苗栗出身的客家人。

李登輝親信中的親信，前亞東關係協會會長、台灣輸送機械董事長彭榮次。

無論在中國或是台灣，知名客家人士都大放異彩。如孫文夫人宋慶齡（一八九三—一九八一）、她親妹妹蔣介石夫人宋美齡（出生的一八九八有各種傳聞，二〇〇三年去世）、中國人民解放軍創始者之一的葉劍英（一八九七—一九八六）也都是客家人。客家人確實是給人不屈又頑固的印象，現任蔡英文總統據說也有客家血統。

接受李登輝指示而與中國在檯面下極機密接觸，與葉劍英次子交情匪淺的「密使」曾永賢，他對李登輝的政治態度有以下的評論：

「學者從政的李登輝先生，在黨（執政的國民黨）的資歷非常淺，而且在一九八八年就任總統時，完全四面楚歌。但即使面對許多阻礙，他都以相當漂亮的政治手腕解決，沒有任何政治上的錯誤，讓敵人無法乘隙攻擊。」

曾永賢笑著更進一步說：「其實李登輝先生和我都是客家人。」曾永賢應是最能感受到李登輝的客家政治手法。

李登輝身上流著客家的血液，且在戰前與戰爭期間接受日本高等教育，關於他的思考模式或政治手腕，司馬遼太郎評論「這可能是一種已經純粹化的客家」。那是將權力私物化的「漢民族社會中所沒有的」。

對於李登輝說「我是客家人喔！」這句話時的語氣，司馬遼太郎形容「這完全是以前舊制高校生的口吻」。或許就是因為存在「客家」和「舊制高校生」那種不協調的組合，才會讓司馬遼太郎對他懷有極強烈的關心。

第3章

大東亞戰爭與台灣

與戰死的哥哥在靖國神社「再會」

一九四一年十二月，日本正式向英美宣戰；當時在日本統治下的台灣，也因此捲入大東亞戰爭的漩渦中。李登輝在京都帝國大學就學中的一九四三年十二月，進入舊日本陸軍服役。他先在高射砲學校受訓，一九四五年三月東京大空襲時，他在受災地指揮救援。同年八月，李登輝以陸軍少尉官階退役，但年長他兩歲的哥哥卻戰死在菲律賓的馬尼拉。

李登輝（右）於一九四四年在高雄與年長兩歲兄長李登欽最後碰面時的紀念照。（李登輝基金會提供）

二〇〇七年六月七日，李登輝在小三歲的曾文惠陪伴下，前往東京．九段的靖國神社本殿參拜。李登輝雙眼泛著淚光，向南部利昭（一九三五—二〇〇九）宮司（譯註：宮司是日本神社負責相關祭祀之最高責任者，同時也是神社相關業務、神職、一般職員的管理者）說：「很感謝迄今都在為哥哥的靈魂祭祀悼念！」表達最深摯的謝意。

靖國神社遊就館（位於靖國神社內的軍事博

物館）鈴木貴彥（一九五九—）部長當時也在場，他針對二〇〇七年當天隨同參拜的情景做出以上回顧。

李登輝口中「感情非常好」、年長兩歲的哥哥李登欽（日本名・岩里武則），在一九四三年九月通過困難的甄選，成為台灣第一批海軍特別志願兵。

李登欽是以海軍陸戰隊員的身分，被派遣到菲律賓的馬尼拉。日本在一九四五年二月因美軍攻擊而撤退，「哥哥是擔任掩護隊友的殿後阻斷任務而陣亡」，李登輝迄今仍如此深信。

二〇〇七年六月七日，李登輝（中央）參拜靖國神社本殿。（靖國神社提供）

李登輝的父親李金龍先生到一九九五年四月過世前，都還一直強調：「登欽還在南洋活著，總有一天一定會回來。」因此不准家人設立墳墓或安置神主牌。同時，在台灣的家裡，不但沒有登欽的遺骨、遺髮，也沒有任何遺物，所以李登輝說：「哥哥只在靖國神社被祭祀，從戰死到今天已過六十二年，我們終於可以再見面。」長年宿願總算得以實現。

從二〇〇〇年卸任總統，李登輝直到第三次訪問日本，終於首度被允許可以停留東京。根據日本李登輝之友會事務局長柚原正敬（一九五五—）的說法，事先安排好的行程中，並沒有參訪靖國神社這項行程。經過不斷交涉，直到最後一刻，日本政府才點頭許可，那是在參訪前一天（六月六日）下午的事。因此，當晚才對外發表這個行程，並於第二天（七日）上午約十點左右抵達本殿參拜。

李登輝能順利參拜靖國神社，背後有著與李登輝關係密切的企業家蔡焜燦於前一年所結下的緣分，蔡焜燦本身也有在戰爭末期志願擔任日本陸軍少年飛行兵的經驗。

遊就館的鈴木貴彥部長說：「二〇〇六年二月，我與南部利昭宮司前往台北，並與李登輝夫婦見面。」當時，李登輝及其支持者在台北市舉辦春節晚會，蔡焜燦邀請南部利昭與鈴木貴彥兩人訪台。這也是靖國神社的宮司戰後首次訪台。

蔡焜燦在生前提到：「我透過熟人告訴南部宮司，擁有日本國籍的台灣人，在戰時有超過二十萬的軍人或軍屬（譯註：軍屬是軍隊的僱員，一般負責軍事行政、翻譯、運補、整備等非直接戰鬥的任務）前往沙場參戰，其中至少三萬人以上喪命，因此才讓他有來台訪問的寶貴機會。」又說：「讓我們勇敢地戰鬥，然後在靖國神社再見。這種勇赴戰場的心情，在當時不論台灣人或日本人都一樣。」

「比日本人更像日本人」

二〇〇六年二月，靖國神社的南部利昭與鈴木貴彥抵達台北，蔡焜燦安排兩人前往台北市中心的國賓大飯店，那裡將舉辦李登輝支持者的春節晚會。南部利昭和鈴木貴彥兩人在接待室與李登輝夫婦見面，這是他們初次會晤。

鈴木貴彥說：「在寒暄的時候，南部宮司向李登輝提出邀請：『閣下有機會訪日時，若能參拜靖國神社，將是我個人一生無上之幸。』」

根據鈴木貴彥的記憶，李登輝並未提及想要前往靖國神社參拜。

寒暄在短短幾分鐘結束，眾人移動前往宴席餐會。雖然只是短暫的碰面，鈴木貴彥回憶：「南部宮司告訴我：『在李登輝先生身上看到今日的日本人已經徹底遺忘的東西，他比日本人更像日本人。』」

針對此事，蔡焜燦表示：「自己曾身為日本軍人參戰，大哥又在戰場陣亡的李登輝心情，即使沒有說出口，相信南部宮司已經感同身受。」為了讓李登輝與南部宮司順勢碰面，蔡焜燦傾注了心力。至於前往靖國神社參拜的心理準備，在李登輝與南部宮司初次見面時，可以說已透過「以心傳心」展開。

靖國神社的鈴木貴彥與南部宮司兩人出席台北春節宴會一事，除了李登輝等幾個相關人士，餐會其他參加者完全沒注意到。

二〇〇七年六月七日，靖國神社本殿參拜後，李登輝返回休息室，從南部宮司手上拿到意想不到的東西。那是寫著「昭和二十年二月日，台灣・岩里武則（李登欽），海軍上等機關兵，在馬尼拉陣亡」的「祭神之記」（譯註：祭神之記，家人是在靖國神社祭祀的陣亡英靈，讓遺族可以傳達給後代的子孫。那不但是一個榮譽，也在彰顯、安慰英靈。「祭神之記」上面記載靖國神社所保存的相關事項，如果名簿沒有記載，則在該欄位寫上無記載。記載的項目是英靈的姓名、階級、所屬部隊、陣亡日期、陣亡地點、陣亡時的本籍、陣亡時的遺族，以及在靖國神社合祀的日期）。

同席的鈴木貴彥回憶：「他安靜地注視著祭神之記上的文字，最後將其抱在胸前。」離開時取得的供品「落雁」，李登輝也小心地帶回台灣，並表示：「我準備將落雁供奉在父親的神主牌前。」

如走鋼索般的參拜「一生都不會忘記」

擔任總統到二〇〇〇年的李登輝，在二〇〇七年六月七日前往位於東京・九段的靖國神社參拜。

中國對此表示強烈反彈，中國外交部發言人姜瑜在同天批評日本政府：「對於日本允許李登輝前往訪問，在此再次表達強烈的不滿！」同時以「看到他在日本的行動，就非常清楚他心裡在想些什麼」來牽制李登輝。中國長期視李登輝為「台灣獨立份子」，予以非常警戒。

甚至中國國營的新華社在當天發刊的報導中更批評：「被日本軍國思想汙染的民族垃圾。藉由參拜靖國神社，讓台灣獨立的醜惡姿態暴露無遺。」對李登輝進行人身攻擊。

針對這次的人身攻擊，李登輝六月九日在東京有樂町的日本外國特派員協會的記者會上，以強硬口吻說道：「祭祀為國喪命的年輕人是理所當然的，外國政府完全沒有批評的理由。」

雖然是自己哥哥被祭祀這種私人問題，李登輝在接受採訪時也以其他觀點評論，強調：「中國與兩韓對靖國神社的批評，都是起因於無法解決其國內問題，才會利用批評日本來製造虛構的神話。」包含台灣在內的亞洲地區，與中韓之間對靖國神社的認識，存有非常大的落差。

李登輝說：「在擔任總統期間，每年兩次前往忠烈祠參拜，其實忠烈祠所祭祀的都是與台灣無關的人。」忠烈祠是國民黨政府祭祀所有相關陣亡者的地方。「雖然這些陣亡者其實與台灣完全沒有任何關係，不過我仍然站在人道立場，持續前往參拜。」

悼念陣亡者的場所，不論在哪個國家都可能有不同意見。「不應該將這個問題政治化，日本政府對靖國神社被批判這件事實在太軟弱了。」李登輝說出他心中的想法。

另一方面，針對李登輝參拜靖國神社，熟悉日中外交關係的人士明白表示：「雖然如同在走鋼索，不過那時日本其實有絕對勝算。」

六月八日，剛好是日本安倍晉三首相（一九五四—）與中國國家主席胡錦濤（一九四二—）在德國舉行高峰會的微妙時間點。李登輝慮及「不想造成日本的麻煩」，因此只提出希望私下到靖國神社參拜的申請；收到這個申請的政府部門與警察單位，最後在六月六日發出許可。

根據同一位關係人士透露，如果當時安倍政權屈服於中國，不讓李登輝成行，可能使同情李登輝悲願的日本輿論，對安倍政權與中國展開嚴厲批評。這是政府研判分析的結果。

另一方面，「當時胡錦濤政權對於重視對中關係的安倍政權，期待能改善兩國關係，同時也擔心日本輿論對日中峰會有負面評價，因此實際上等於默認李登輝參拜靖國神社。」消息來源如此看待此事。

在這個時間點，日本政府確實掌握到中國的想法，才會大膽接受讓李登輝前往靖國神社參拜。最後，胡錦濤與安倍的會談僅敘述：「適當處理台灣問題，將成為維持日中關係的基礎」，收起批評日本的矛頭。

六月九日下午，李登輝在成田機場準備返國，遭遇一位中國籍男子對其投擲寶特瓶。即便如此，李登輝仍滿面笑容，說：「三次訪日，這次是最愉快的一趟旅程。我一輩子都不會忘記！」

拯救台灣青年的「柯爾老師」

李登輝在一九四一年考入相當難考的舊制台北高等學校，有位名叫喬治・柯爾（一九一一—一九九二）（譯註：George Henry Kerr，另有中文譯名葛超智；精通日語，是外交官、歷史學者、東亞事務專家；著有《被出賣的台灣》等書，曾任台北高等學校英語老師）的美籍英語教師。他的日語非常好，從一九三七年到一九四一年三月在學校任教，被學生稱為「柯爾老師」，相當受歡迎。

平川朝清（一九二七—）是晚李登輝四屆的學弟，從相當於中等學校的尋常科直升台北高校，到終戰前都在該校就學，後來成為昭和女子大學名譽教授。他明白表示：當時一直有傳言說柯爾可能是美國間諜。

平川朝清說：「在戰爭期間，美國軍機到台灣空襲時，因為聽從柯爾老師的指揮，炸彈從未掉到台北高校，學校裡的眾人對此皆深信不疑，而且確實到終戰為止都是如此。」

一九四一年三月，於台北市內舉行的美籍英語教師喬治・柯爾（右五、戴學生帽）送別會。（同時代社提供）

不過，綜合平川朝清以及其他台北高校畢業生的說法，身形清瘦的柯爾老師看起來就有學者風範，既不是美國的公務員，也不是職業軍人。在台北高校擔任教師期間，他並沒有特別進行間諜活動的跡象。至於開始向美軍提供台灣情報資訊，應該是一九四一年離開台北後的事。

柯爾幾乎是唯一一位到開戰前都還留在台灣的美國人，返國後以台灣專家身分進入政府，於一九四三年成為美國海軍少尉。我們可以看出，在終戰後要如何處理台灣的問題上，美國政府或美軍應該是有運用柯爾駐台期間在各地所見所聞的資訊。至於戰爭期間曾提供從馬尼拉出發攻擊台灣的美國軍機空襲目標，這件事在戰爭結束很久之後，柯爾曾向台灣人提及。

川平朝清與柯爾在一九四六年再會，當時他正要被遣返回雙親的故鄉沖繩。川平朝清回憶：「在台北市區身著軍服乘坐吉普車的柯爾老師，看到我頭上的台北高校帽子，特別停車叫住我。」柯爾讓曾上過他英語課的川平朝清坐上吉普車，一起去拜訪在台北高校教授德語的日本人老師石本岩根（一九〇三—一九七七）。

當時柯爾先擔任位於中國南京的美國大使館武官，再以美國駐台北領事館副領事的身分來台。柯爾老師與即將被遣返的石本老師用日語親切交談，相互確認那些就讀台北高校及台北帝國大學的優秀台灣學生的消息。柯爾彷彿是把將來能支撐台灣的當地青年做成名單，川平朝清對當時的情景記憶鮮明。

柯爾的名單後來可能提供美方使用，或柯爾一開始就是肩負要製作台灣菁英名單的任務，這些聯想都很自然。

要求匿名接受採訪的台灣男性長者證實：「在戰後，我約有十年擔任美國憲兵隊翻譯官，他們被指示要在台灣負責保護包含李登輝在內的一些年輕人。」至於要保護的是哪些青年人，美國憲兵隊當然「握有名單」。這名長者的日語和台灣話、乃至華語和英語皆非常流利。

國民黨政權所造成的「二二八事件」[1]以及「白色恐怖」，目標鎖定在日治時代接受高等教育的台灣人，將彼等逮捕或處刑，因此美國「在李登輝等本人不知情的情況下，與國民黨的特務機關進行許多交涉，保護他們的安全。美國對國民黨的獨裁統治非常不滿，認為保護優秀台灣青年是符合美國的國家利益」。這是前述男性長者的證詞。

對於美國是如何保護李登輝等人，這名長者以「目前無法透露」閉口不談。不過，他透露說：「我們在檯面下協助與國民黨交涉。當時如果美國憲兵隊沒有動作的話，李登輝等人很可能被拘捕入獄。」

至於男性長者口中所說的名單，到底是不是柯爾所列，並無法證實，不過有許多部分確實符合川平朝清的記憶。

另一方面，從一九七〇年代開始重用李登輝的國民黨掌權者蔣經國（一九一〇—一九八八），或許也知道美國憲兵隊的行動，認為讓李登輝等人活著，在對美關係策略上較有利也說不定。李登輝能獲得國民黨允許於一九六五年到美國康乃爾大學留學，也可能是根據某些檯面下的安排。只不過李登輝本人可能被蒙在鼓裡，完全不知情。

在終戰經過很長時間後，柯爾出版調查日本統治台灣時代的《民政事務手冊》，還有描寫國民黨政權殘暴統治、鎮壓迫害台灣人的《被出賣的台灣》一書。他是對當時的日本、台灣還有沖繩都懷抱深刻情感的美國人。

川平朝清在日文版的《被出賣的台灣》（同時代社出版）一書中，稱柯爾為「有良心的人」，其撰寫該書是對「李登輝前總統等好不容易實現台灣民主基礎者，以及在『二二八事件』還有其後遭到鎮壓犧牲者」的一本「鎮魂的書」。

「沒能保護您！」

關於戰後柯爾試圖從國民黨鎮壓中保護台灣人一事，能作為旁證的是柯爾寫給曾於台北高校教過的學生的信箋。這位學生就是戰後逃亡日本，曾任明治大學教授的王育德（一九二四—一九八五）。

王育德有位年長五歲的兄長王育霖（一九一九—一九四七），亦曾於台北高校上過柯爾的課。王育霖於東京帝國大學專攻法律，後來通過司法考試，一九四四年在京都成為檢察官。戰後返台擔任檢察官，但在二二八事件中被國民黨盯上，一九四七年三月被莫名逮

1. 二二八事件：戰爭結束後，由於接收的國民黨政權專橫的統治，引起台灣群眾的反抗，而憲兵等軍隊在一九四七年二月二十八日以機槍掃射群眾。以此為引爆點，人民抗議行動擴及台灣各地，此事件最後以國民黨政權的武力鎮壓收場。一九四九年五月頒布「戒嚴令」。其後，以「舉發共產黨間諜」為藉口，針對反對人士進行逮捕羈押甚至槍決。這段期間到民主化為止，被稱為「白色恐怖」。總計約有十數萬人被拘留、投獄，喪失性命者也多達數萬人。到一九八七年七月解除戒嚴為止，長達四十年時間，台灣人都籠罩在恐懼之中。

捕殺害。

一九七四年，柯爾居住在夏威夷的檀香山，他出版匯整台灣在日治時代歷史的論文集，同時透過兩人共通的友人，將論文集贈送給居住在東京的王育德，其中附隨這張信箋。此事由王育德次女王明理（一九五四—）率先披露。

「親愛的王育德博士，我非常懷念您的哥哥（指王育霖），他是我的學生，（也非常懷念）他的夫人和小孩。我在一九四七年三月時未能保護（王育霖）。想到那個瞬間（王育霖被槍殺的情景），到現在還是會淚流不止。喬治·柯爾」

日本統治時代受高等教育，在京都成為檢察官的王育霖，如此優秀的人才，對戰後在台灣施行獨裁統治的國民黨政權來說，絕對是非常礙眼且欲除之而後快的存在。同樣地，對國民黨來說，從台北高校畢業前往京都帝國大學就讀的李登輝，那時應該也絕對是屬於同一厭惡族群。

柯爾在一九四七年前後以台北領事館為據點，準備拯救台灣青年時，卻先失去王育霖這個學生。對於這位曾經教過的優秀青年的被害，他一定感到非常深切的悲傷與強烈的憤怒。根據王明理的說法，對柯爾來說，超越一般師生關係，他在台灣最親密的友人就是王育霖。

柯爾一直嚴厲地看待國民黨，經常向本國打電報報告國民黨惡行，當然也因此遭到國民黨的反感，最後不得不離開台北。一九四七年三月十四日，在柯爾返國當天，準備出門送別柯爾的王育霖，因未帶錢包而返家時，即被國民黨的便衣逮捕帶走。

「沒能保護！」這種錐心刻骨的痛苦，他將心情寫在信箋，寄給其弟王育德，這可以說是非常重要的證言。據說，柯爾當時曾好幾次忠告王育霖：「快點逃亡海外！」

「讓我成爲日本陸軍步兵」

「我熱切地志願成為日本陸軍步兵。」這是一九四三年十二月，在京都帝國大學就讀時的事。那時大東亞戰爭開始白熱化，李登輝進入日本陸軍服役。

李登輝說：「當時想要成為步兵徘徊在最前線，希望藉此能讓從少年時代就困擾我的生死觀得到解決的方向。」這種感覺在今天似乎無法想像，那應是強烈意識到死亡的行動。

在日本統治的台灣，被當成日本人接受教育，同時另一方面卻又擁有被稱為「本島人」的台灣出身者身分，對他們來說，能成為日本軍人的意義非常重大。

同年九月，年長李登輝兩歲、曾擔任警察的哥哥李登欽，合格成為海軍特別志願兵。

陸軍自一九四二年起開始實施志願兵制度，海軍則是從一九四三年開始實施。每次招募活動都湧現許多台灣人應徵，錄取率非常低，僅是數百分之一而已。

當時發行的《台灣日日新聞》刊登有李登欽的感想：「能成為無敵帝國海軍的一員，在充滿榮譽的軍艦旗飛舞中作戰，參與擊敗美英的任務，感到無比的感動。」我們可以看到他在言語中充分顯露希望能成為志願兵參戰，被承認是一個堂堂正正的日本人的心情。

李登輝入伍服役是在哥哥合格成為志願兵的三個月之後。國史館在二〇〇八年出版《李登輝總統訪談錄》一書中，也記載著一九四四年「學徒出陣」之事。

就在哥哥合格成為志願兵之後，李登輝本人應該也強烈地希望志願入伍。舊日本軍以京都帝大學生為招募對象的「學徒出陣」過程中，台灣出身的李登輝極其熱烈地志願成為「步兵」。

最終，李登輝在高雄受訓後被分配到高射砲部隊，成為下士低階軍官。李登輝回憶：「與即將前往戰場的哥哥在高雄再會，一起拍攝紀念照，卻成為人生最後的告別。」因為是軍事機密，當時到底要前往哪處戰場，哥哥什麼都沒有透露。

比日本內地更早，美國軍機頻繁來到台灣空襲，李登輝在此累積高射砲的實戰經驗。之後，他被轉調到千葉陸軍高射砲學校，一九四五年三月遭逢超過十萬人被美軍殘酷殺戮的東京大空襲。

當天李登輝發射高射砲進行砲擊，目標是經由千葉上空飛往東京方向的美國軍機。他雖然被炸彈爆裂的破片擦傷顏面，但幸無大礙。

李登輝回憶說：「代替因空襲陣亡的小隊長，在次日指揮受災地區的救援行動。」他更特別強調：「在那裡學到『整理戰場』的重要性。」

確認遺體、搬運、協助傷者，在成為焦土荒野的受災地整理瓦礫殘骸。「這是只有軍隊才能執行的任務。這個經驗後來在一九九九年九月二十一日的台灣中部大地震時發揮效果。」李登輝這麼說。

那是死傷超過一萬人以上的大地震，李登輝時任總統，地震發生當日就進入災區，站在第一線指揮救援。李登輝提到：「身為日本軍人接受的訓練和經驗，不只發揮在地震災區；同時也在面對中國威脅下，以身為守護台灣的總統立場決斷或行動時，是相當重要的基礎。」

一九四五年二月在菲律賓陣亡的哥哥登欽，日本名是岩里武則。以陸軍少尉身分，在名古屋的部隊迎接終戰的弟弟登輝，則是岩里政男。「哥哥的名字有『武』，我的名字有『政』，這都是父親取的名字。是否因為名字的不同，讓兄弟倆命運走向分歧呢？」李登輝望著藍天青空，喃喃地說。

活著返回台灣的李登輝，在戰後走入充滿荊棘的道路，最後成為政治家。對於那些在日本統治時代出生的台灣人來說，上一次的世界大戰是絕對不會忘記的大事。

高砂義勇兵「英靈永眠故鄉」

「在這塊慰靈碑上，有著讓悲傷的歷史轉化為朝向未來成長的力量。」

那是二〇〇六年二月八日的事。在台北郊外的烏來舉行祭祀追悼「高砂義勇兵」[2]戰歿者慰靈碑移設紀念儀式上，李登輝前總統發表上述感言。

慰靈碑的碑文「靈安故鄉（英霊は故郷に眠る）」由李登輝揮毫提字落款製作，是「對原住民表達敬意」。在擔任總統的一九九四年，李登輝將對先住民的稱呼正式以憲法定為「原住民」。

在大東亞戰爭中，南進的舊日本陸軍最依賴的就是高砂義勇兵。

相對於不習慣南方叢林戰的日本內地軍人，以山地為生活圈的台灣原住民，有著能赤腳在高溫多濕的山野自由穿梭奔跑的強韌體能。同時，台灣原住民的夜視及辨聲能力也相當強。

雖然大多是軍屬，並非正式戰鬥人員，但當日軍在叢林中與美軍對峙時，高砂義勇兵經常自願組成敢死隊衝鋒陷陣，非常驍勇善戰，也因此有許多人喪失寶貴的性命。

在台灣，現在原住民人口約占不到百分之二．五，大約是五十五萬人。

李登輝認為：「台灣原來的主人是幾萬年前就在這塊土地生活的原住民，並不是數百年前或數十年前從中國大陸渡海過來的漢人。」

一九五〇年代的一段時間，李登輝曾在南投縣霧社地區的台灣大學附屬農場兼任農場場長。

李登輝提到：「與農場附近的原住民往來密切，對於那些加入高砂義勇兵的男性，以及他們家族純樸高尚的生活方式，內心深受感動。」

與李登輝非常親密的企業家蔡焜燦曾這麼說：

「在南方戰線，所屬部隊長官下令高砂義勇兵前往叢林尋找食物，但出發後數日一直沒有返回部隊，大家都認為可能是陣亡了。但數日後，在叢林裡發現高砂義勇兵的屍體，身上背負著雞肉、稻米等物品，原來他們雖尋獲食物，卻『餓死』在回程。」

---

2. 高砂義勇兵：在日治時代的台灣，被稱為「高砂族」的原住民舊日本軍人或軍屬的總稱。從一九四二年展開的軍人或軍屬募集，多次都吸引許多應徵者報名，甚至於攜帶血書前來的男性也不在少數。高砂義勇兵合計約有八千人，主要送往南方戰場。但由於軍屬的紀錄非常少，因此無法計算正確人數。應該至少有數千人戰死，或病歿於戰地，然而在戰後獲得補償的原住民非常少。

因為找到的食糧要留給戰友，自己完全未進食，卻在返回部隊的途中迷路，最後活活餓死。那絕對是現代人無法想像的精神狀態。「台灣原住民（特別是高砂義勇兵）精神的純樸，還有責任感，這就是日本精神！」蔡焜燦眼中泛淚述說。這時，他突然不好意思地說道：「真糟糕，眼藥水從眼睛流出來了。」他因有點害羞而故意這麼說。

一九七四年十二月，在印尼孤島摩羅泰島的叢林裡，時年五十五歲，完全不知道戰爭已經結束，仍然躲在叢林生活的前高砂義勇兵李光輝（族語名：SUNIUO，日文名：中村輝夫）被發現。

那是比一九七二年一月在關島被發現的橫井庄一，或是一九七四年三月在菲律賓被發現的小野田寬郎都要更晚近的事情。

一九七九年六月，在返回出生故鄉台東四年後，李光輝於五十九歲病逝。李登輝在擔任總統時的一九九五年三月，特邀李光輝的長子李弘（一九四三—）到總統府見面，除讚揚李光輝的功績，也表達慰問之意。對於自己也曾身為日本軍人的李登輝，雖然沒有機會直接接觸高砂義勇兵，但卻共同擁有被戰爭翻弄的經歷，這是台灣人共有的悲哀。

在烏來的慰靈碑，原本是在終戰四十七年後的一九九二年十一月，由泰雅族女頭目周麗梅（族語名：RIMUI・ABEO，日本名：秋野愛子）私人出資興建。周麗梅以優雅的日語說：「到今天，我在內心深處仍然認為自己是日本人。」當然，她所說的並非國籍，而是指內心的思考，身為一個人應該有的態度。

從國民黨在一九四九年發布戒嚴令，直到一九八七年七月解嚴為止，在台灣無法興建任何關於大東亞戰爭的慰靈碑。畢竟在日中戰爭期間，國民黨的敵人是日本軍。

遺憾的是，二〇〇三年六月，由於土地所有權人要求撤除慰靈碑，周麗梅陷入困境。原來這一年起源於中國廣東省的重症急性呼吸症候群（SARS），在台灣發生嚴重擴散的疫情，造成來台觀光客急速減少。特別是前來烏來觀光訪問的日本人人數也因此降低，導致原本土地所有權人所經營的觀光公司倒閉。

二〇〇六年二月二十八日，李登輝出席「高砂義勇隊慰靈紀念碑」揭碑儀式（右二）。

筆者於二〇〇三年七月四日在產經新聞早刊報導這件事，結果看到這則新聞的讀者，有數千人陸續寄來總額超過三千萬日幣的捐款，實在令人非常驚訝！而後經過三年的漫長準備，終於讓慰靈碑得以順利移設至現址。

慰靈碑上刻著本間雅晴中將（譯註：一八八七—一九四六，舊日本陸軍中將，曾擔任台灣軍司令官，戰後於馬尼拉軍事法庭受審，遭判處死刑）身後留下的鎮魂詩。

〈かくありて　許さるべきや　密林の　かなたに消えし　戦友（とも）をおもえば〉

（中譯：想到在（南方）密林陣亡喪命的戰友實在無法釋懷）

在慰靈碑移設落成典禮上，李登輝背對著慰靈碑，面向群眾說道：「日本人的善意已經傳抵台灣，這是對台灣英靈的悼念，也是對所有遺族的慰問。」不過，這個慰靈碑在二〇一五年八月又遭土石流沖毀，直到現在仍只能繼續無止境地等待修復。

生存在兩個祖國的人

以日本陸軍少尉身分，一九四五年八月在名古屋迎接戰爭結束的李登輝，翌（一九四六）年一月從神奈川縣橫須賀的浦賀，搭乘米山丸朝故鄉台灣出發。

在大東亞戰爭末期，有很多十幾歲的台灣人在神奈川縣「高座海軍工廠」的戰機部門工作，這些年輕人被稱為「台灣少年工」[3]。這艘船是他們組成的自治會經過不斷交涉，才爭取到的歸航船舶。

這些被挑選來日本的台灣少年工約有八千四百人。在戒嚴令解除後的翌（一九八八）年，組成同窗會組織「台灣高座會」，總會長李雪峰（一九二六—）提到：「戰爭結束初期，一直處於失意與緊張的情緒中。」當年的少年工被徵招時很多還不滿十五歲，一九四三年時已十八歲的李雪峰擔任領導者角色。

李雪峰口中所說的「失意」，指的是台灣出身者因終戰而被告知失去日本國籍，但一時也無法返台的這件事。在台灣被以日本人教育，為日本奉獻勞力的這群少年工，面對這樣的事情，根本就是晴天霹靂。

與此同時，到底要如何讓這群約八千四百名少年返回台灣，在這個混亂與緊張的情勢中，李雪峰心生一計，集合所有少年工組成「台灣省民自治會」，開始與日本外務省以及

3. 台灣少年工：大東亞戰爭末期，在神奈川縣的「高座海軍工廠」等地，擔負戰機製造工作的十幾歲台灣出身者。由於徵兵造成日本國內工人短缺，利用台灣出身者補充，從一九四二年開始實施募集。到戰爭結束為止，總共從數萬名應徵者中挑選約八千四百位優秀少年，在完全寄宿制的工廠裡，領取薪資工作。在工作同時，他們也接受機械工學等相關課程的授課，條件是可以取得高工和專科學歷。但由於戰爭結束，原本約定的條件並未被履行。

進駐日本的美軍交涉，商談調度返台船舶的相關計畫。

他們依照台灣出身地別編成「部隊」，從一九四五年十二月開始，分成四個梯次，每一梯次數千人，終於平安地運送少年工返台。在戰爭剛結束的混亂情勢中，能成功遣返，真是如同電影情節一般曲折。

李雪峰本人搭乘第三梯次的米山丸返台，而一九八八年出任總統的李登輝也同樣搭乘這艘船舶，李雪峰是直到一九九三年才知道此事。

作家司馬遼太郎當時在《週刊朝日》的「台灣紀行」專欄連載，描寫了一段李登輝搭乘米山丸返台時的小插曲。

李雪峰讀到這篇連載後，憤怒地表示：「不知道哪個人提供了司馬先生錯誤的訊息。」司馬遼太郎在連載中描述，因為有發生傳染病的疑慮，船舶無法在台灣北部的基隆靠岸，同時也禁止乘客下船，結果造成食物短缺，台灣少年工因此發生暴動。另一方面，書中寫說李登輝當時從頭到尾都正襟危坐地看書。

但李雪峰反駁，「實際情形是有台灣人夫婦在洗手台洗嬰兒尿布，被自治會負責環境衛生的少年工制止，這對夫婦不但不接受指責，還怒罵他們是『猴囡仔（小鬼）』，因而引發衝突。台灣少年工絕對沒有錯，大家都非常遵守紀律。」

李雪峰後來拜訪在司馬遼太郎連載中也出現的蔡焜燦，討論要如何處理更正事宜，這件事也傳到李登輝耳中。雖然最後並沒辦法完全確認是否曾在司馬遼太郎生前向他說明，不過李登輝在接受採訪時明白表示：「這件事情之後，為維護台灣少年工的名譽，我到各地都強調事情不是那樣，努力說明事情真相。」對於可以在那時向李登輝說明少年工的困境與苦難，李雪峰笑說：「這真的是因禍得福。」

戰爭中，擔任台灣少年工宿舍舍監的石川昭雄，他兒子是神奈川縣大和市市議會前議長石川公弘（一九三四—）。石川公弘在二〇一三年出版《生活在兩個祖國的台灣少年工》（並木書房）這本書，請李登輝前總統撰寫序文。李登輝寫道：

「台灣少年們在（空襲的）極度恐怖下忍耐，誠實勇敢地面對戰爭，在戰後戒嚴的台灣嚴苛環境中發揮耐心，對民主化做出極大貢獻。他們在兩個祖國最艱難的時代，都是非常卓越的生還者。」

終戰後隨即發生的「文明衝突」

終戰次年（一九四六），李登輝與其他約兩千多名台灣少年工搭乘米山丸返台。他回顧：「對於故鄉的巨大改變非常驚訝！」

蔣介石率領從中國大陸來的國民黨，掌握台灣的行政統治權。那些國民黨軍人之行為舉止，讓台灣陷入嚴重的混亂。

被司馬遼太郎稱為「博覽強記的『老台北』」蔡焜燦，也是那個非常「驚訝」的人之一。蔡焜燦在一九四六年從鹿兒島搭乘別艘船返台。因為：「台灣人可以回歸祖國的夢想終於實現，心裡確實是滿懷希望。但映入眼簾的國民黨軍隊，卻是慘不忍睹的殘兵敗將模樣，更完全沒有軍紀可言，這是在日本時代無法想像的狀況。」

李登輝和蔡焜燦，這兩位台灣出身的人，雖然在日本統治時代都擁有日本國籍，卻被稱為「本島人」，甚至還經常受到歧視。因此，戰後能成為「中華民國」這個戰勝國的國民，心中浮現出光復的夢想，但卻壓根兒就不知道面對的不但美夢破滅，更是惡夢的開始。

蔡坤燦曾說過這個故事。「戰後，從中國渡海來台的國民黨士兵，許多人身穿破爛的制服，肩上擔著扁擔，扁擔掛著鍋碗瓢盆或水桶，非常散漫地在台北街頭行走。」

如果只是這樣還好。但中國兵毫無現代常識與紀律，「看見自來水從水龍頭流出，就直接到五金行搶奪擺放店內的水龍頭，在居住的房舍牆壁打洞插上，卻因『水沒有流出來啊！』而發火，最後返回五金行對台灣人店主施暴。」這是蔡坤燦的證言。

這類事情不勝枚舉。當時也有不知道「電力」的士兵，在水電行奪取燈泡裝設在營舍，卻因為燈泡沒亮而生氣，或是不會騎車的士兵扛著搶來的腳踏車逃跑，這些軼事都在台灣社會廣泛流傳。

根據蔡焜燦的說法，他們有些是住在中國內陸的農村地區，因被國民黨軍隊抓捕拉夫而強徵為兵，這樣的中國年輕男子不在少數。

這些從未看過或聽過腳踏車、自來水、電氣的國民黨士兵，手上拿著武器成為台灣的統治者。直到一九四五年，台灣持續五十年的日本統治，教育、經濟建設等公共建設，不但和日本內地同步，甚至有部分建設還超越內地，已是相當進步的文明社會。

李登輝提到：「當時台灣人經常流傳著『狗去豬來』這句話。」

所謂的「狗」是指日本人；「豬」則是指國民黨軍人。這是在諷刺「狗會保護台灣，但豬只會吃和睡」。李登輝更進一步說：「現在回想起來，在台灣人與中國人之間，從那時已經開始嚴重的『文明衝突』。」

比自己文明程度更低的外來勢力，卻依靠著武力成為統治者，進行殘暴的迫害。這種種的恐怖與懊惱，那個時代的台灣人絕對不可能忘記。完全沒有紀律的國民黨軍人，使用武器暴力威脅、恐嚇台灣人，不但持續掠奪和暴行，且其惡劣行徑更是與日俱增。

一九四七年二月二十七日。在台北市區取締私菸的國民黨官員，對路旁販賣私菸的女性施加暴力。當現場圍觀的台灣人群起抗議，結果換來的是官員向群眾開槍，一名台灣男性被流彈擊中身亡。

台灣人在戰後一直壓抑的情緒和怒氣，霎時間被怒火點燃爆發。次日（二月二十八日）開始，人民反抗的氣氛迅速擴散到全島，引起國民黨軍隊的武力鎮壓和報復，這就是「二二八事件」。緊接著，台灣在一九四九年五月開始實施戒嚴令，直到一九八七年七月解嚴為止，「白色恐怖」時代一直持續。

戰後，大東亞戰爭的殘渣仍然存在台灣，長期對台灣與台灣人造成痛苦，這是無法否認的事實。但國民黨政權卻限制報導，讓鎮壓迫害的資訊幾乎無法傳到海外，所以大部分日本人根本不知道二二八事件，也不清楚白色恐怖的存在。

勇敢戰死讓理想燃燒

對於在日本統治時代出生，成為日本陸軍少尉，在一九四五年八月十五日迎接終戰的李登輝來說，絕不可能忘記包含軍屬在內總計約二十萬台灣人以日本兵身分出征，其中約三萬人喪生的這段歷史。

二〇一八年六月二十二日。在夫人曾文惠陪同下，李登輝從台北飛抵沖繩縣那霸機場。這是李登輝自二〇〇〇年卸任總統以來第九次訪日，卻是首次坐輪椅出現在入境大廳，這時他已九十五歲高齡。根據相關人士的說法，由於健康因素，醫師與家人都強烈要求他放棄這次日本行，但李登輝本人獨排眾議，堅持「一定要親自參加在沖繩舉行的慰靈祭」。

六月二十四日，李登輝參加在系滿市縣立和平祈念公園舉行的台灣陣亡者慰靈祭，並且列席雕刻著他親筆落款的「為國作見證」立碑揭幕式。

根據李登輝的說法，在沖繩之戰前夕的一九四五年二月，從台灣的港口用船運送約九百公噸稻米到沖繩，分配給沖繩縣民。這是由於台灣與沖繩的地理距離非常近，希望能在糧食上給予一些協助。因為移居沖繩的台灣人也相當多，在沖繩戰中的犧牲者也不在少數。

在強烈陽光照射下，李登輝於揭幕式後說：「戰爭是非常可怕、無情的事，總是會有許多寶貴的生命被犧牲。但先人犧牲性命指出一條道路，教導我們要如何活下去。」李登輝的談話，完全沒有指責戰爭當事國日本的口吻，卻能清楚感受到他遺憾與懊惱的心情。

在慰靈祭的前一晚，主辦單位日本台灣和平基金會（理事長・西田健次郎）舉辦歡迎晚宴，李登輝在餐會上說出以下心聲。「和平與安定的環境，從來都不是理所當然的，反而要有許多人的善意合作與努力不懈的維護才可能得到。」李登輝哽咽地斷斷續續致詞。

訪問沖繩前半年的二〇一七年十二月，李登輝在台北住家接受筆者採訪，當時針對「您現在對於大東亞戰爭是如何思考的」這個提問，他沉默了好幾分鐘。

最後他開口說道：「哥哥李登欽為了日本奮戰，光榮地燃燒理想後陣亡。」不過，「理想和現實是兩碼子事。對於大東亞戰爭，我目前無法置評。」然後結束談話。

李登輝在戰後堅忍地推行民主化，也拚命阻擋中國無所不用其極的統一壓力。如果他哥哥是「為了日本」戰死，李登輝則是為故鄉台灣奮鬥，也可以說是想要光榮戰死，來讓理想得以燃燒吧！

第4章

政治迫害時代的苦惱

與亡命運動家在日密會

李登輝因終戰自日本返台，先是編入台灣大學完成學業，畢業後繼續在台大研究農業經濟學，同時開始在農政當局負責農業政策實務，這樣的他無法自外於當時震盪的台灣社會。李登輝在國民黨政權內部開始嶄露頭角，與此同時，在幾乎無人知曉的情況下，他也與海外的民主運動人士暗地接觸。

「晚上回到家，李東輝先生來訪，（中略）確實是一位令人有好感的人物，來到日本後，第一次遇到這麼棒的台灣人。對將來的獨立可寄予厚望。」

此事發生在一九六一年。戰後為躲避國民黨政權迫害，亡命日本尋求庇護的台灣人王育德，在六月十六的日記裡，以日文記錄上述事情。

迄今仍然住在李登輝當年前來拜訪的那個房子的夫人王雪梅（一九二五—），首度公開真實日記的遺物。

在這本日記裡，王育德特別將李登輝的名字寫成「東輝」（譯註：東輝的日語「touki」發音與登輝相同），應該可以認為是故意的。

一九六一年六月十六日的日記可見李登輝密會流亡日本的王育德。照片中為王育德，二〇一九年六月六日拍攝。

王育德等人期望能將台灣建立成一個與中國政黨政權無關，完全屬於台灣人的「獨立國家」，因此在日本成立「台灣獨立青年會」這個組織。

另一方面，李登輝當時除在台灣大學執教，同時也在中央機關農村復興聯合委員會（農復會，現在的行政院農業委員會）擔任負責農業政策的官僚之一。

台灣在一九四九年頒布「戒嚴令」，進入全面監視人民言行的時代。特別是像李登輝這樣的官員，沒有經過允許就和獨立運動家碰面，若被特務機關掌握，絕對逃不過被逮捕的命運。

李登輝趁著到日本出差的空檔，和兩位友人一起拜訪王育德。不過，王育德擔心萬一日記外流，為了不讓別人知道是哪位特定人士，因此故意將「登輝」寫成「東輝」。

當時，初次與李登輝見面的王夫人對他的印象是：「一個身材非常高瘦、英俊的男性。

感覺應該是一個出類拔萃、特別的人。」

王育德比李登輝小一歲，但卻是比李登輝早一年進入台北高校的學長。他後來前往東京帝國大學（現在的東京大學）就讀，戰時中返回故鄉台南。

但從一九四七年二月在台北發生的二二八事件開始，統治台灣的國民黨政權加強對台灣住民的鎮壓迫害，那股浪潮也逐漸蔓延到台灣南部。

較王育德年長五歲的兄長王育霖，於一九四七年三月在台北被憲兵逮捕後遭槍殺。王育霖從東京帝國大學畢業，在京都法院擔任檢察官，戰後返台，成為活躍的檢察官。但這個資歷反而使國民黨特別警戒，以莫須有的罪名予以處刑。身上有著同樣血液的弟弟王育德，危機也已迫在眉梢。

一九四九年七月，王育德先用秘密取得的出入境許可證逃往香港，其後流亡日本。他先復學東京大學取得博士學位，之後在明治大學任教，這時李登輝突然登門造訪。

雖然負責監視的單位最後好像未發覺異樣，但從台灣獨立運動相關人士眼中看來，李登輝冒著生命危險前來拜訪王育德這事，有不同角度的看法。

與王育德同鄉，後來繼承王育德成為台灣獨立運動領導人的黃昭堂（一九三二—二〇一一），生前曾經透露：

「在『白色恐怖』的時代，特意來日本拜訪王育德，李登輝的膽識著實驚人。因此，我們開始將李登輝視為『秘密盟員』。」

根據王育德日記所載，李登輝前來拜訪那天，黃昭堂也在場。黃昭堂所說的「秘密盟員」，指的就是「內心契合的非公開同志」。

在李登輝密會王育德等人的一九六一年，他雖身在壓迫者的國民黨政權陣營，卻不是站在統治者立場。所以王育德和黃昭堂認為，李登輝的內心與他們同在一起。後來多數的獨立運動人士都成為李登輝的共鳴者，暗中默默支持李登輝的民主化。

只要一百人，要建立理想國就不是夢

在台灣持續政治迫害的白色恐怖時期，李登輝於一九六一年六月前去拜訪王育德東京住家，從而被日本台獨運動相關人士視為「秘密盟員」。

雖然李登輝否認說：「從沒聽過秘密成員這件事。」但與李登輝所認知不同的，獨立運動人士對於李登輝的信賴感，經過長期醞釀已然成形，也是不爭的事實。

黃昭堂以一九九六年三月的總統選舉為例，指出李登輝以總統立場高舉民主化大旗，開始修改憲法，讓台灣選民得以直接選舉總統。

黃昭堂更透露：「雖然對國民黨當然必須抨擊聲討，但獨立運動同志在選戰中不但沒有攻擊尋求連任的國民黨候選人李登輝，甚至還私下協助拉票。」

在該次選舉中，李登輝以百分之五十四的得票率獲得壓倒性勝利；這個得票率不單只認為他是「秘密盟友」給予支持的一群人，甚至連被鎮壓的「台獨份子」也都站在李登輝這邊。

回到王育德日記一九六一年六月的記述。在李登輝到自家拜訪的兩週後，王育德回訪李登輝東京落腳處，兩人再次碰面。

「晚上八點半，拜訪李先生。兩人一直聊到十一點多。台灣的經濟應該可以交給他。（中略）政治家是一旦有事發生，就要能肝膽相照地相互討論。」

從日記的文字可以看出王育德的心情。

「像他這樣的好男兒，台灣只要有一百個，要建設理想國度絕非癡人說夢。期待能滿是元氣地再會。」（以上文字依照原文直接轉譯）

王育德的次女王明理認為：「從日記中提到『一旦有事發生』的說法，父親應該是擔心類似二二八事件的事情再次發生，這點與李登輝先生應該有共識吧？……父親應該非常期待兩人再次碰面，討論台灣的未來。」她摸著父親的日記說。

王育德除了台灣獨立運動，也從事協助因喪失日本國籍而未能獲得補償的台籍日本兵等相關支援活動，他一直無私地全力奔走，非常遺憾，不知是否因此過於勞累，導致心臟病發作，於一九八五年九月在東京去世，未能與他心中的「好男兒」再會。

二〇一八年九月九日，在時任台南市長的賴清德（一九五九—）用心協助下，王育德出生的故鄉台南市成立「王育德紀念館」。二〇二〇年一月的總統選舉，賴清德當選為副總統，並在同年五月二十日就任。「王育德紀念館」開幕當天，李登輝致贈如下話語：

「王育霖與王育德兄弟是我非常尊敬的台北高等學校學長。育霖學長是台灣司法界極為優秀的人才，可惜不幸於二二八事件時犧牲。而育德學長則流亡日本，我曾於東京拜訪他，一起討論台灣的未來。」

「即便居所與環境相異，但我們心中懷抱著共同的理念。那就是，我們都希望台灣人幸福，並為此盡最大的努力。祈願育德先生在天之靈，繼續守護台灣的幸福。」

另外，李登輝還利用出差日本的空檔，拜訪過其他反體制的台灣人士。

李登輝在農復會時期的上司王作榮（一九一九—二〇一三），在《李登輝的虛像與實像》（草風館出版）一書中，留下些許蛛絲馬跡。

一九七〇年春天，當他和李登輝一起到日本出差時，李登輝提議：「要不要去拜訪被政府列入黑名單的人士？」他還特別補充：「是有台獨份子嫌疑的人。」那就是當時在亞洲經濟研究所擔任研究員的戴國煇（一九三一—二〇〇一）。

曾留學美國的王作榮同意，於是兩人一起去戴國煇的住家拜訪。王作榮說：「由於都是學者，大家都有一些心靈相通的默契。」

但在接受採訪時，李登輝卻僅說「戴國煇先生是一位了不起的學者。」便虛應故事。

不過，黃昭堂推測李登輝應該是：「想多結識當時在日本的台灣出身者，尋求將來能一起改變台灣政治的同志吧？」

事實上，黃昭堂或戴國煇等人從一九九〇年代開始，無論檯面上或檯面下，在立場上都支持著總統時代的李登輝。

許多接受高等教育的台灣人，在二二八事件或白色恐怖時代被盯上，最後喪命。因此台灣內部的人才應當有限，李登輝應該是試圖與流亡日本或美國的「同志」，私底下加深連結，以圖後用。

被帶走的父親行蹤不明

「那天很冷。一九八八年一月底的某天夜晚，姊姊打電話給我。」阮美姝（一九二八－二〇一六）細數往事，打電話來的正是李登輝的夫人曾文惠。

阮美姝在日治時期就讀台北第三高女（現在的中山女高），是比曾文惠晚兩屆的學妹，有如妹妹般一直受到曾文惠特別照顧。曾文惠在電話裡說：「美姝，是我，電話轉給我先生喔！」接著出現在話筒另一頭的是李登輝，阮美姝忘我地講述往事。

就在不久前的一月十三日，因為蔣經國過世，李登輝依照憲法規定，以副總統繼任總統職位。

雖然已經有很長一段時間沒有聯絡曾文惠，但當聽到李登輝繼任總統時，阮美姝心想：「擔憂被國民黨舉發已四十年以上，一直不敢跟任何人提起父親被帶走的事，今天一定要寫信跟姊姊說，只有現在才有機會申冤。」曾文惠在收到信的當天，立即跟李登輝訴說，同時打電話給阮美姝。

阮美姝的父親阮朝日一九〇〇年出生於屏東，為進修而前往東京的舊制高輪中學就讀，後來又升學到福島高等商業學校（現在的福島大學）。阮朝日畢業後返台，從事金融與運輸等業，戰後擔任台灣新生報的社長，成為社會名士。

李登輝伉儷訪察因「二二八」於一九四七年三月遭殘殺的阮朝日與相關事件資料室。導覽者為阮朝日長女阮美姝（右）。（阮美姝提供）

但一九四七年二二八事件發生時，國民黨出動軍隊前來武力鎮壓與捕殺，在這種情況下，阮朝日於三月十二日被憲兵逮捕，從此行蹤成謎。

一九四九年五月，「戒嚴令」開始實施，從這時起，白色恐怖時代也揭開序幕。在李登輝就任總統的前一年七月，世界最長紀錄的三十八年戒嚴令終於解除，但台灣社會沉重的氣氛並未因此鬆開。

阮美姝在電話中告訴李登輝，父親被帶走已經超過四十年，到底是什麼罪名、又是被帶往何處？至今生死不明，這一直是她心中無法消解的痛。

雖然是自己敬仰的姊夫，「但畢竟李登輝是國民黨的主席。或許大家會認為我有點誇張，不過當時確實是拚了命才敢寫信和打電話。」阮美姝流著淚敘述這段往事。

一九四六年被編入台灣大學農學院的李登輝，實際上本身在二二八事件當中，也是切身感受危險的其中一人。「如果不是在萬華做稻米大盤生意的好友把我藏在穀倉，不然我應該會被憲兵逮捕吧？」李登輝回憶著那個極度危險的年代。

李登輝與夫人之後曾拜訪阮美姝在自家設置的陳列室，其中展示她努力收集的數千件二二八事件的相關資料。李登輝嘆著氣說道：「戰後被遣送返國的日本人，幾乎完全不知道這造成台灣人極度痛苦的事件。」雖然如此，阮朝日的行蹤與事件的真相，卻仍被埋藏在黑暗中。

一九九五年二月二十八日，在二二八紀念碑揭幕儀式上，李登輝低著頭說：「向犧牲者及其家族致上最深的歉意。」以總統兼國民黨黨主席身分道歉，這是二二八事件發生後的第一次。

兩年後的一九九七年二月，一位自稱曾是憲兵隊司機的男性，突然現身阮美姝住家。他透露他在一九四七年三月曾開車載送憲兵和阮朝日等一群人前往台北郊外的山區，也在現場親眼目睹槍斃過程。「妳父親到最後一刻都一直睜大眼睛看著。」陌生男性留下這句話後就轉身離開，他應該是受到良心苛責才來說出經過的吧？

被逮捕的五十年後，終於知道被槍斃的罪名是「阮朝日的報社煽動二二八事件」，這根本就是莫須有的冤罪。

因為二二八事件，造成已經在台灣生活好幾代的「本省人」，和戰後從中國大陸來的「外省人」，劃下一道深不見底的鴻溝。這道被稱為「省籍對立」的傷痕，直到今天仍然折磨著台灣社會。

走上兩極命運的好友：彭明敏

彭明敏與李登輝一樣出生於日治時代的一九二三年，李登輝說：「他從以前就是我的好朋友。」

彭明敏戰前就讀京都的舊制第三高等學校，之後升學到東京帝國大學法學部。戰後被編入台灣大學繼續學業，其後又在巴黎取得博士學位，一九五七年成為台灣大學的教授。

二〇一九年五月十六日拍攝，與李登輝同齡的好友彭明敏。

李登輝專長農業經濟學，彭明敏則是專攻政治學，兩人的專業學識完全不同，由於經歷與想法接近而意氣投合。李登輝笑著說：「和他之間的對話，就是以前那個年代一般台灣人的習慣，都是台灣話加上日語混合使用。」

然而，李登輝與彭明敏兩人以一九六四年為分水嶺，遭受兩極的命運翻弄。

「如同平常一樣，和李登輝以及另外一個朋友，三個人一起吃晚餐，但結束後各自回家的第二天，我就被逮捕了。」

彭明敏被逮捕是在一九六四年九月二十日。「戒嚴令」到那時已持續十五年，國民黨的政治迫害「白色恐怖」仍舊沉重地籠罩在整個台灣社會。

彭明敏秘密印製一萬份「台灣人民自救宣言」，但在發送之前就遭到逮捕。由於印刷業者的檢舉告密，「宣言」的存在才被發覺。逮捕彭明敏的，正是負責執行嚴格取締反體制勢力的特務機關警備總司令部。

不過彭明敏強調：「完全沒告知李登輝宣言的製作。李登輝原來就對政治沒有興趣，只是對農民被壓榨感到憤怒，一直都在熱烈討論農業政策。」

彭明敏經過嚴厲審訊後被軟禁在自家住宅，後來對他伸出援手的是在日本支持台灣民主化和獨立運動的宗像隆幸（一九三六—二〇二〇）。他由於對知名政治學者彭明敏的遭遇感到義憤填膺，利用實際存在的日本人護照，以換貼彭明敏照片的方式，在一九七〇年一月三日讓彭明敏透過航空潛逃離台，成功經由香港前往瑞典，並獲得政治庇護。

彭明敏回憶：「當時逃亡成功的機率大約是百分之五十，如果失敗，有覺悟極可能被槍決。」

另一方面，在彭明敏被逮捕的次（一九六五）年，李登輝前往美國康乃爾大學留學，並在取得博士學位後，於一九七一年加入彭明敏堅決反對的國民黨。一九七二年，李登輝被任命為政務委員。

彭明敏稍後得知李登輝加入國民黨並成為閣員，他回憶：「當時並沒有感到驚訝。李登輝認為應該要從國民黨內部改變，這需要具備堅忍的耐心，確實有像他的行事風格。⋯⋯但我是沒辦法忍受獨裁政權的人，因此使用突擊部隊的方式，或許這是我的缺點。」彭明敏微笑地說。

一九七〇年九月，彭明敏從瑞典前往美國，後來在密西根大學等校教書。彭明敏與被挑選進入政權中樞的李登輝，兩人走上相反的路。

李登輝成為總統後推動民主化的過程中，彭明敏終於被洗清政治犯的汙名。一九九二年，睽違二十二年後，彭明敏終於能返回故鄉台灣。完全沒預料到的是，他與李登輝之間的緣分卻更加接近。一九九六年，台灣首次舉辦的總統直選，彭明敏成為在野黨民主進步黨提名的候選人，挑戰國民黨提名的候選人：現任總統李登輝。「在選戰期間，彭明敏從未攻擊我，也沒有任何的爭論，因此記者們都說非常無聊。」李登輝微笑回顧這件往事。

結果，李登輝以百分之五十四選票獲得壓倒性勝利。彭明敏落選，但也獲得百分之二十一的選票。這是一場好友之間互相競爭的對決。

專注農業的現場主義者進入中央部會

一九四五年終戰，蔣介石所率領的國民黨政權開始在台灣的統治。不只政治的鎮壓迫害，經濟上的混亂也更加嚴峻。與毛澤東（一八九三—一九七六）的中國共產黨持續「國共內戰」的中國大陸，食物等民生用品的物價急速上漲。受此影響，台灣也發生非常嚴重的通貨膨脹，一般人民的生活直接受到打擊。

因此，李登輝說：「我非常贊成農業改革是當時拯救台灣經濟混亂的主要推手。」李登輝一九四九年畢業後就在台灣大學農學院取得教職，無論是在授課的教室或在指導農業的現場，一直熱烈地論述著農業改革。

根據若林正丈所著《蔣經國與李登輝》一書的描述，當時的農業改革分成三階段實施：①減免佃農租金；②將從日本接收的農地賣給農民；③政府向地主購買農地轉賣農民等。一九五二年，台灣的農業產值已經恢復，甚至幾乎超過戰前的高峰（一九三八）。

李登輝笑著說：「事實上，我和內人（曾文惠）的老家都是淡水、三芝一帶的大地主，由於土地被徵收，雙方的親人都非常生氣。」

即便如此，李登輝還是支持農業改革，那是因為：「從小總會看到每年拿著禮物來拜訪祖父的佃農，拜託『請今年再讓我耕作』的那個情景，就想到為什麼世界上有這麼多不公平的事。」或許這也是他選擇走上農業經濟學的原點。

在將滿三十歲時，李登輝面臨人生轉機。他一九四九年結婚，一九五〇年長子憲文出生，一九五二年長女安娜出生。就在這時，李登輝通過公費留學考試，準備前往美國愛荷華州立大學攻讀碩士。李登輝回憶：「想要研究農業與工商業的密切關係，希望能好好在台灣社會運用所學。」

一九五三年，李登輝返台，一面在台灣大學授課，一面兼任台灣省農林廳的經濟分析官員。李登輝回顧說：「從北到南，幾乎走遍台灣各地的農村，對現地進行調查和農業指導。」

在當時的台灣，李登輝是屬於極少數的留美菁英，但卻仍身穿工作服、戴著帽子，騎著自行車從早到晚拜訪農家，這就是李登輝當時被大家所看到的模樣。從這時開始，李登輝的信念就是現場主義。

不過，夫人曾文惠也有擔心的事。當時「白色恐怖」還在持續，曾文惠一直擔心：如果丈夫被什麼人抓到政治上的把柄，免不了會被檢舉密告而遭到逮捕。

「我會事先偷看丈夫的演講稿，如果發現有覺得危險的政治發言，就將該部分予以刪除。有時在演講後會被他怒吼『不要亂刪』，但是如果不這麼做，丈夫可能會一去不返。」曾文惠回顧往事。

看在那些隨國民黨從中國來台灣的外省人統治階級眼裡，像李登輝這種在美日等受過高等教育的人，絕對是非常礙眼的。

即便如此，李登輝仍然對政治不關心、全心專注在農業方面的態度，或許因此獲得眾人好感。一九五七年，李登輝被農村復興聯合會任用。一九六五年，李登輝更取得洛克斐勒財團的獎學金，獲得前往美國康乃爾大學就讀博士學位的機會。

突然被憲兵帶走而覺悟可能會死

在美國康乃爾大學留學期間，他於一九六八年完成《台灣農業與工業間的資本移動》博士論文，被美國農業經濟學會評選為最優秀論文，李登輝開始揚名。

當時四十五歲的李登輝返台後復職農復會，同時繼續兼任台大教授。

但夫人曾文惠長年擔心的事情，卻在返國的次年真的發生了。那是一九六九年六月初某個清晨剛過六點的事。

砰砰砰。李登輝台北住家的玄關突然傳來激烈的敲門聲。戴著白色鋼盔、全副武裝的數位憲兵闖入，要求李登輝跟他們走。

穿著睡衣的李登輝跟憲兵說：「請給我一點時間，讓我準備一下。」他在換衣服時，隨手拿幾張支票簽名後交給曾文惠。這時的李登輝覺悟到：「被帶走後可能永遠都回不來了。」萬一自己入獄或被處刑，這幾張支票能換取現金，至少短期間內家族的生活應該不成問題。

李登輝被帶去的地方是警備總司令部。李登輝回憶當時的情景說道：「從被帶走那時開始，每天從一大早一直持續偵訊到深夜。」雖然不是脅迫性的偵訊方式，但從朋友、同事等交友關係到工作場所及留學時代所發生的事，「都非常詳細地詢問，特別是與共產黨是否有關的這件事，相同問題一再反覆地詢問。」

另一方面，調查官不小心說漏嘴的一句話，讓李登輝牢記在心。他說：「像你這樣的男人，除了蔣經國，不會有人想用。」當時李登輝完全不理解這句話的含意。對李登輝的偵訊約持續一個星期，最後無罪飭回。

其後經過一段時間，農復會的上司、也就是一九七〇年跟他一同去日本出差的王作榮，某天帶著「文書資料」來找李登輝。中國湖北省出身的王作榮年長李登輝四歲，是一九四九年來台的外省人。這份資料是李登輝的「國民黨入黨申請書」。

王作榮是經濟學者，也是台灣大學教授，他對李登輝的評價非常高。由於受到也屬黨員的王作榮推薦，李登輝提出入黨申請書，並在一九七一年加入國民黨。然而，同為台灣出身的本省人朋友，還有大多數的親戚，對李登輝加入曾迫害自己的國民黨這件事，大都相當震驚。

李登輝說明當時的心情：「我想要負責農業政策，但非黨員根本就沒機會參加重要會議，我只是想做好工作。」

但更令周遭驚訝的是，蔣經國在一九七二年六月一日就任行政院長時，竟然指派李登輝擔任農業政策的政務委員，讓他入閣成為閣員。

李登輝那時正在紐西蘭參加國際會議，收到通知的電報後立即匆忙趕回台灣。

李登輝終於知道調查官當時那句話的意思。蔣經國在擔任行政院長的好幾年前，就因為想處理振興農業的政策，認為在美國相當有名的李登輝如果是可以信賴的人，就準備要任用他入閣。

在以外省人為主流的國民黨內，要提拔黨齡僅僅只有一年的本省人入閣，必須要有能說服黨內大老們的資料，而「身家調查」更絕對不可或缺。

另一方面，與內部事務完全無關，當時環繞著台灣的國際情勢正進入風雲密佈的緊急狀況。

在孤立危機下晉用本省人

李登輝加入國民黨的一九七一年，中華民國政權面臨重大危機。一九四九年十月在北京成立「中華人民共和國」，由毛澤東所領導的中國共產黨政權，此時兩個政府在國際社會的地位情勢完全逆轉。

在二次大戰中被視為戰勝國的中華民國，在聯合國擁有「中國代表權」，以及「安理會常任理事國」的席位，但在一九七一年十月的聯合國大會決議案中，「中國代表權」被北京方面取而代之。[1]

雖然中華民國有效統治區域僅侷限在台灣本島以及周邊島嶼，卻一再高揭「反攻大陸」的旗幟，堅持著「中國代表權」，這在現實上確實沒有道理。

從台灣大學時代就是李登輝好友的政治學者彭明敏說道：「從一九六〇年代開始，台灣的外交前途黯淡。」因為到一九六〇年代，包含美日等國在內，與台灣維持外交關係的國家最多也不過七十個。

當時只能靜觀台灣國際情勢變化的李登輝回顧說：「那是美國片面採取對自己方便的自私政策。」

美國當時要處理陷入泥沼的越南戰爭（一九七五年結束）的大問題。為了阻止共產北越對南越的侵略，美國出兵支援南越，但戰況對美國及南越漸趨不利。

一九六九年一月，尼克森（一九一三—一九九四）就任美國總統。他面對國內激烈的反戰運動，為求能光榮地撤兵，開始接近對北越有著強大影響力的北京毛澤東政權。一九七一年七月，他派遣白宮幕僚長亨利・季辛吉（一九二三—）秘密經由巴基斯坦訪問中國。當時是美蘇對立的東西冷戰時代，恰巧這時中蘇對立也已開始。

美中在七月的急速接近，成為十月聯合國決議案的導火線，也許這是尼克森政權在檯面下操縱也說不定。

一九七二年二月二十一日，尼克森到北京與毛澤東會談。雖然距離美中建立正式外交關係的一九七九年一月，還有很長的一段準備時間，不過越戰後期的美國為自身利益接近中國這件事，確實使台灣的國際地位急速下降，最後更成為無法改變的決定性致命傷。

1. 台灣退出聯合國：一九七一年十月二十五日，聯合國大會在多數贊成下決議通過由北京的「中華人民共和國」取得「中國代表權」，並擔任安全理事會的常任理事國，同時驅逐台灣的「中華民國」。這個決議案是由歐洲的共產國家阿爾巴尼亞等二十三國共同提出。雖然美日等國試圖讓台灣繼續留在聯合國，但強烈抗議「中國代表權」被奪走的蔣介石政權選擇退出聯合國。直到今天，台灣仍然不是聯合國的會員國，當然也不具有席次。

這些國際情勢的變化，對國民黨以及蔣經國起用李登輝這件事，應該有很大關聯。對於此事，曾任中央研究院近代史研究所副研究員的林泉忠有如下的評論：

「具有留學蘇聯經驗的蔣經國，與堅持『中國代表權』的父親（蔣介石）截然不同，雖然可以預見台灣將會在國際上被孤立，但是為了要讓國民黨能繼續生存，他從一九六〇年代就開始感受到：起用如李登輝這般受過高等教育的台灣菁英的必要性。」

一九七二年六月，蔣介石長子蔣經國成為行政院長。與彭明敏一樣，他腦海裡早就有外交「前途黯淡」的想法，試圖改變以中國出身者為主流而且一直不切實際地夢想要統治全中國的國民黨。為了要能在台灣繼續生存，台灣出身者的力量絕對不可或缺。

李登輝在一九七一年入黨，一九七二年成為閣員，這很可能是蔣經國看到美國和聯合國風向後的權宜戰術。

日本接近北京勢所難免

李登輝加入國民黨，以政務委員入閣的一九七二年，台灣外交完全陷入混亂的漩渦。

由於美國尼克森政權對北京急速接近的「尼克森震撼」，以及台灣退出聯合國，整個國際情勢的風向完全改變。國際社會競相轉換外交主軸，從承認國民黨政權的「中華民國」，轉向與共產黨政權的北京「中華人民共和國」建交，這個變化如雪崩般急速開展。

一九七二年七月就任首相的田中角榮（一九一八—一九九三），在上任兩個月後的九月前往中國訪問，與周恩來總理（一八九八—一九七六）等人會談，同時在九月二十九日簽署「日中共同聲明」[2]，建立正式外交關係。台灣當局對此強烈反彈，不但在這一天宣布與日本斷交，甚至發動激烈的反日活動。

回顧當年的情勢，李登輝說道：「日本的外交動作在當時在所難免。」對於包括斷交在內的日本政府的態度，他在《新・台灣的主張》一書中描述：「在經歷過日本統治的日本語世代當中，確實有些人抱持著複雜的心情。」明白指出當時的不安。

在李登輝政權時代擔任經濟部長等財經閣員的江丙坤（一九三二—二〇一八），一九七二年時正在駐日大使館工作。

「那一天（九月二十九日），我們在東京的大使館降下國旗，在庭院默默地燒著重要

---

2. 日中共同聲明：一九七二年九月二十九日，為日中兩國正式建立外交關係，在北京締結換約的協議文件。其中，日本政府「承認中華人民共和國是中國唯一的合法政府」，同時對於中華人民共和國主張的「台灣是中華人民共和國領土不可分割的一部分」這個立場，明白記載「十分理解、尊重」，但未使用「承認」的字眼。同時，日本與台灣的「中華民國」斷絕正式外交關係。

的文書。原本幾乎每天都會去的外務省和通產省，現在已被禁止進入。」江丙坤望著遠方，做出上述的回顧。

不過，日本也因為對台灣有一定程度的顧慮而有所行動。在第一次田中內閣擔任外相的大平正芳（一九一〇－一九八〇），就任後立即邀請辜寬敏（一九二六－）到家中。辜寬敏是戰前日本貴族院議員辜顯榮（一八六六－一九三七）之子，他與大平正芳關係密切。

根據辜寬敏的說法，大平正芳手中拿著一封信件交給他，說道：「這是田中的密函。」秘密信函提到：①失去的僅是外交關係；②不影響經濟和人員的交流往來；③放棄大使館等在台灣的日本資產等，內容洋洋灑灑以日文記下七個項目。大平正芳說：「日本與中國的建交只是時間問題，至於與中華民國的斷交也是不得已，請向貴國當局傳達這個意思。」

了解大平正芳之意的辜寬敏，於七月底在台北某飯店密會當時的外交部長沈昌煥（一九一三－一九九八），交付日本方面的訊息。此事發生在田中角榮訪問中國的兩個月前。

辜寬敏表示：「台日關係在斷交後以民間方式維持，持續歷來安定發展的相關基礎等，這些都寫在沈部長轉交給行政院長蔣經國的書信裡。」當然，秘密信函其實也可視為只是日本單方面的想法，但對於被國際情勢玩弄的國民黨政權或剛入閣的李登輝來說，卻是不得不痛苦吞下的現實。

辜寬敏比李登輝晚三屆進入舊制台北高等學校，他在一九七二年時並未與李登輝有任何接觸。其後，辜寬敏以總統府資政身分支持蔡英文總統。

被要求成爲虔誠的基督徒

二〇一一年十一月，李登輝在台北的醫院順利進行大腸癌切除手術後，身體恢復情況相當良好，他非常平靜地對從總統卸任後到二〇一二年為止一直擔任秘書的小栗山雪枝（一九四四—）說道：「這都是神的眷顧。」

李登輝受洗成為基督徒是在一九六一年，當時三十八歲。曾文惠在前一年受洗，同時勸李登輝接受信仰。

李登輝接受手術時已經八十八歲，雖然醫師團以高齡為由，建議使用放射線治療，但認為「惡性腫瘤就應該要切除」的李登輝，在閱讀許多治療癌症的相關論文後，決定要求醫師團進行開腹手術。

李登輝對小栗山雪枝繼續說道：「『寧靜革命』之所以能夠成功，都要歸功於神的帶領與眷顧。這次不僅僅是手術，而是讓我再次重生，所以，不好的東西一定要去除。」

事實上，農業經濟學者的李登輝走上總統這條路，與基督教有絕對不可分的關係。

匿名接受採訪的某台灣政治學者評論：「如果不是成為基督徒，李登輝在一九六五年第二次前往美國留學、一九七一年加入國民黨，甚至於後來成為台北市長等，應該都不會發生。」

李登輝能前往康乃爾大學就讀博士課程，是因為有洛克斐勒財團等提供獎學金的資助。雖然並不是明確的選考基準，但是「美國從過去就較信賴基督徒，也有優先考慮的傾向。」至於李登輝尚未受洗前到美國愛荷華州留學，則是以公費留學生身分。

從戰前開始，蔣介石和夫人宋美齡能獲得美國的信任，讓國民黨取得軍事支援，都是因為基督徒身分。特別是留學美國接受薰陶、英語流利的宋美齡獲得美國國會信賴，這絕對是重要關鍵。

李登輝與夫人是在一九六〇年代前往蔣介石和蔣經國等所屬教會參加禮拜。前述政治學者補充說：「蔣氏父子看到虔誠基督徒的李登輝，再調查他的學經歷，認為他將來如果能擔任要職，也可以擔負起與美國交涉的角色。」

雖然李登輝個人沒什麼特別的想法，但對想要繼續從美國取得軍事、經濟援助的蔣氏父子而言，一定希望延攬他這樣的教友。

中央研究院近代史研究所前副研究員林泉忠從另一觀點補充：「在東西冷戰的時代，美國從一九六〇年代開始對國民黨施加政治壓力，要求轉化為民主政權，採取台灣優先的政策，以及晉用台灣出身的優秀本省人。」

就在這時，既是農經專家又是虔誠基督徒的李登輝出現，偶然地符合這些主客觀條件。司馬遼太郎《台灣紀行》一書中，收錄李登輝與司馬遼太郎的對談內容，其中對於能升任到總統一事，李登輝表示：「應該是蔣經國先生巧妙地掌握住這個偶然吧！」

在這個偶然當中，基督教這個因素不容忽視。李登輝在政治家這條道路上，讓信仰得以更形堅定，同時在面臨困難時，一直都是與夫人一起在信仰中尋求解答。

從蔣經國學到政治帝王學

一九七二年六月，蔣經國就任行政院長，同時拔擢李登輝入閣，擔任負責農業經濟政策的政務委員。

後來在李登輝擔任總統時，以總統府國策顧問身分協助李登輝的曾永賢表示：「其實從成為閣員的那天開始，李登輝在國民黨內部就一直是四面楚歌，腹背受敵。」

當時李登輝四十九歲，不但是戰後台灣最年輕的閣員，也是屬於黨內少數派的本省人。

李登輝從時任行政院長蔣經國手中接下紀念品，在場外省人投以冰冷目光。（李登輝基金會提供）

因此，大陸出身的外省人對李登輝的嫉妒席捲而來。

一九四七年發生二二八事件後，統治階級的外省人和本省人隔閡日深，「省籍矛盾」分裂著台灣社會。

當時台灣仍持續實施戒嚴令，國民黨一黨獨裁的嚴苛統治並沒有絲毫放鬆。但另一方面，蔣經國想在政界重用李登輝等本省人的想法，可以清楚從台灣人在閣員數目上的變化看到徵兆。

根據中央研究院前副研究員林泉忠所做的調查，從一九四〇年代後半到一九六三年期間，即使在閣員人數最多二十六人時，本省人也只有一或兩個人。其後到一九七二年為止，閣員人數增加為三十六人時，本省人仍舊維持在四個人左右。

然而，從一九七二年蔣經國就任行政院長開始，雖然閣員人數減少到二十六名，但當中包括李登輝在內的本省人卻大幅增加到八個人。

政治家蔣經國的想法與做法，其根本就跟父親蔣介石完全不同。早稻田大學前教授若林正丈在《蔣經國與李登輝》一書中說明：「因蔣介石和國民黨在中國敗北而撤退台灣，蔣經國才有可能在政治地位上有所提升。」

國民黨在中國的時代，由於前往莫斯科留學且逗留蘇聯超過十年，蔣經國對政界的影響力幾乎是零。歸國後的蔣經國想成為父親蔣介石的後繼者，除以國共內戰敗北而逃入的台灣為地盤，並沒有其他選擇。因此，政權的「台灣化」與重用本省人就是他的策略。

李登輝回顧：「所有的會議，蔣經國都讓我這個陽春政務委員同席，前往地方或離島視察時，也要求我一定要一起同行。」蔣經國想讓李登輝學習政治帝王學的意圖非常明顯。

期間，掌握絕對權力的總統蔣介石，在一九七五年四月五日，以八十七歲高齡去世。外省人副總統嚴家淦（一九〇五－一九九三）依憲法規定繼任總統，延續蔣介石遺留的三年多任期，但這也只是中繼角色的任務。

在嚴家淦任期結束的一九七八年五月二十日，原任行政院長的蔣經國就任總統，立即在六月九日任命李登輝擔任台北市長一職，這是比陽春政務委員更上層樓的重要職務。

這時，李登輝也辭去原來兼任的台灣大學教授職務，他覺悟到：「未來（政治以外）已經沒有其他選擇途徑了」。

第5章

蔣經國學校的畢業生

密令「讓在野黨成形吧」

一九七八年，蔣介石長男蔣經國就任總統，他立即任命原政務委員李登輝擔任台北市長這個重要職務。其後，蔣經國更提拔他成為台灣省主席，甚至一路當到副總統。這段期間，正是美日中等國及環繞台灣的國際情勢風起雲湧急速變化的時期。為了讓以外省人為中心的國民黨能延續在台灣的政權，蔣經國只有讓政權「台灣化」，在政界培養像李登輝這種台灣出身的本省人菁英。蔣經國認為除此之外沒有其他方法。另一方面，即使原本沒有政治野心，學者出身的李登輝透過隨侍在旁，長期學習蔣經國的政治手腕，終究還是脫下學者外衣，逐步走向政治家的這條道路。最後，由於蔣經國在一九八八年一月驟逝，李登輝繼任為總統。

「我是蔣經國學校的畢業生。」二〇〇四年五月十六日，李登輝整理從一九八四年到一九八八年擔任副總統期間，與蔣經國總統之間的對話紀錄，出版《見證台灣　蔣經國總統與我》（允晨文化出版）一書，他在新書發表會時說出上述發言。

從入閣到成為總統，前後將近十六年時間，蔣經國都將李登輝放在身邊。李登輝藉二〇〇四年出版的上記書籍，敘述「蔣經國學校」的相關事情，重新評價蔣經國時代。

然而，曾在白色恐怖時期因冤獄遭關押超過二十二年的本省人郭振純（一九二四—二

○一八），表情黯淡地提出質疑：「台灣人的李登輝，為什麼要依靠獨裁者蔣經國呢？這件事情我完全無法接受。」

郭振純雖然對李登輝擔任總統期間的民主化給予相當高評價，但他也憤怒指出：「蔣介石以及蔣經國等獨裁政權，在台灣遂行殺戮與政治迫害，身為台灣人絕對無法原諒。」

對於郭振純等大多數同年代台灣人長久以來的心結，筆者以此詢問李登輝的看法時，李登輝並未直接回答，僅說出一段蔣經國的軼事。

「擔任政務委員時，彰化發生水災，抵達受災地區的蔣經國直接踏進泥濘的水中，確認受災狀況。當時一起同行的我親眼見到。我覺得那絕對不是刻意的表演，而是以平民的角度所採取的行動。」

他更強調說：「如果是蔣介石，絕對不會親自踩進泥水。」李登輝極少批評蔣氏父子。的確，從台灣人的立場來看，若與蔣介石相比，確實較少人敵視蔣經國。這個想法也可以在李登輝身上清楚看到。

若慮及台灣人遭受的苦難，郭振純的複雜心情，確實可以理解。不論是從「二二八事件」或是長期的「白色恐怖」來看，蔣介石與蔣經國絕對可以說是「千古罪人」。

然而，李登輝也是徹底的現實主義者。即使是在國共內戰敗北而高舉「反攻大陸」旗幟的國民黨蔣介石政權，也由於有該政權存在，使台灣得以在東西冷戰時期，免於被中國

李登輝翻閱記錄一九八四年五月至一九八八年一月，與蔣經國對話及相關紀事的筆記本。二〇一七年八月九日拍攝。

共產黨併吞或被共產赤化。李登輝也有意識到此一層面。

尤有甚者，是由世襲絕對權力的蔣經國解除戒嚴與容許在野黨成立等，從而埋下民主的種子，才讓李登輝能在總統任內使台灣民主化路線開花結果。此點絕對不容忽視。

李登輝手上拿著《見證台灣　蔣經國總統與我》這本書說道：「蔣經國內心確實是有讓台灣民主化的強烈想法。」

紀錄與蔣經國總統之間所進行的一百五十六次對話內容的筆記，現在仍收藏在桃園鴻禧山莊李登輝的書桌抽屜裡。那是一本印有「SONY」公司LOGO的白色表皮記事本。李登輝用藍色鋼筆仔細地以中文紀錄著談話的細節。

李登輝與曾歷任SONY公司社長、董事長的盛田昭夫（一九二一－一九九九）關係密切，他非常喜歡收到的記事本這份小禮。李登輝翻開記事本，指著某頁說：「其實這裡面還有許多沒有公開的東西，不過引用到書裡的這一天的內容非常重要。」

這頁的日期是一九八六年二月七日，剛好是農曆新年前。上面寫著蔣經國總統給李登輝的特別指示。

「過完新春，建立與黨外人士的溝通管道，你本人要親自參與。」

所謂黨外人士，是指國民黨以外的政治人物。

從一九七〇年代開始，他們發行批判國民黨獨裁政權的雜誌，並以南部為中心，展開要求民主化的抗議活動等等。然而依據從一九四九年開始的戒嚴令，在野黨的存在完全非法。另一方面，李登輝清楚表示：「蔣經國有想讓在野黨成立，再利用政治壓力來改革國民黨的想法。」

根據筆記內容，一九八六年九月二十八日，第一個在野黨民主進步黨成立。對於這件事，蔣經國在九月三十日向李登輝說：「還沒有到構成違法要件，要依法處理，不是一件容易的事。」等於事實上容許在野黨出現。

雖然李登輝不願肯定，但也不否定，不過我們可以認為是：蔣經國私底下指示，暗示國民黨不要阻止黨外人士組成政黨。這個任務，蔣經國賦予他可以信賴的本省人李登輝。

在這時成立的在野黨，就是二〇一六年成為總統的蔡英文所屬的執政黨——民主進步黨（民進黨）。

傾聽市民心聲的台北市長

一九七八年，李登輝從政務委員轉任更重要的職務：台北市長。此時，李登輝只得辭去一直兼任的台大教職以及農復會顧問職務。脫下農業經濟學者的外衣，在這一瞬間搖身一變走上政治家的道路。

成為台北市長的李登輝表示：「當時的台北市並沒有捷運，公車是市民唯一的公共交通代步工具，因此要從考慮如何讓民眾更為方便著手。」而改善交通網路的第一步，就是從「排隊乘車運動」開始。

針對當時的狀況，在司馬遼太郎眼中博聞強記的蔡焜燦評論：「戰前台灣人非常遵守秩序，一定都會排隊乘車，但在戰後卻傳入爭先恐後擠公車的自私風潮。」

從中國來的外省人引起的社會秩序混亂，令大家非常不愉快。

李登輝透過奉獻社會的「扶輪社」等社會團體開始動員，有組織性地推行運動，同時改善公車停靠站的配置，變更為適合排隊的環境。尤其是為解決南國台灣的暑熱對策，加緊腳步使公車冷氣化。

李登輝提到：「傾聽人們的不滿，在政治上改革，這個經驗就是在台北市長任內學習到的。」

負責李登輝一家安全警衛工作長達三十六年的前拳擊手李武男（一九四二－），清楚記得以下情景。

某次由於施工錯誤導致幹線道路大量積水，當李武男向李登輝報告後，李登輝說：「立即前往視察」，馬上帶著李武男出門。在確認現場情況後，李登輝從附近打公用電話給市政府負責單位的承辦人，溫和有禮地要求說：「剛好從附近經過，看到有淹水的情況，請協助處理。」

那是公務員幾乎從來不聽市民心聲，只重視上司臉色的時代。根據李武男回憶，「李登輝相當擅長製造氣氛，讓怠惰的公務員勇於任事，因此台北市民非常讚許。」

從一九七八年開始擔任台北市長，李登輝就思考著「如何讓全世界可以看到台北市」。根據李登輝基金會所提供的資料，在三年半的市長任期中，他前後訪問美國三次，與美國的六個城市簽訂締結姐妹市協定。

台灣從一九七一年十月脫離聯合國之後，一九七二年九月與日本斷交，一九七九年一月與美國斷交，被迫必須面對國際社會的嚴峻環境。

在這種情況下，李登輝於一九七九年五月訪問美國，經加州洛杉磯市議會正式承認，與市長湯姆士・布萊德利（Thomas Bradley，一九一七－一九九八）簽署締結姐妹市協議。他試圖以台北市長身分尋求活路，與海外的城市進行經濟與文化交流。

根據曾文惠夫人的說法，蔣經國在任命李登輝擔任台北市長之後，幾乎每天都來市長官邸詢問：「市政有順利展開嗎？」可見蔣經國對於原為學者的李登輝是否堪任市政工作相當擔憂。同時，蔣經國也可能是在向國民黨內部及側近，隱約傳達他極為重視李登輝這個人才，準備將來要加以大用的訊息。約莫經過兩個月後，蔣經國說：「看來評價不錯，應該可以了。」從此就不再出現在市長官邸。

台灣版的「列島改造論」

「一九七八年接獲時任台北市長的李登輝指示，告知台北市範圍將要擴大，要求活用、開發位處東區郊外的軍區基地的提案。」

郭茂林（一九二〇—二〇一二）出生於台北，一九四〇年前往東京，其後進入東京帝國大學工學部建築學科就學，戰後留在日本成為建築師，他在一九九九年八月的手記寫下前記文句。這本手記由他同樣是建築師的長子郭純（一九四九—）首次對外公開。

郭茂林與三井不動產合作，在一九六八年完成東京霞之關地上三十六層的日本第一棟超高層建築，他以參與相關企劃、設計與整合工作而聞名。

他更在一九七〇至八〇年代，於東京新宿副都心高層建築群的建設工程擔任主要的規劃設計工作，是戰後日本高度經濟成長期都市開發的先鋒推手。甚至位於東京白金台，於一九八八年完工，相當於台灣駐日大使館的亞東關係協會東京辦事處（現在是台灣日本關係協會台北駐日經濟文化代表處）的建築物，其設計也是出自郭茂林之手。

李登輝以市長身分要求「東區郊外軍事基地土地」的開發提案，最後以郭茂林的企劃案為基礎，成為台北新都心（信義計畫區）的構想。二〇〇四年完工的一〇一大樓（高五〇九・二公尺），是台北市新地標。

郭純表示：「李登輝先生知道新宿副都心計畫，同時也知道台灣出身的父親郭茂林存在，因而相當信賴。」

根據郭純的說法，「副都心」的這個構想，在東京和巴黎都有。

兩者都距離原來的市中心大約五公里，在不遠不近之處開發新的高層建築群。從東京丸之內遠眺，西新宿約在西方五公里處。至於用心保存舊街道的巴黎，也是在西區郊外開發歐洲最大的中央商務辦公區拉德芳斯（La Défense）。

郭茂林團隊參考東京與巴黎的案例，得到結論是：以台北市的情況，從總統府往東約五公里的信義區最恰當。這也剛好符合李登輝的期待。

郭茂林立即攜帶模型來台北，在市長辦公室向李登輝說明，提出以移設原在市中心的台北市政府為主軸，描繪出副都心的構想圖。兩人之間的對話全部使用日語。

一九七八年，接受時任台北市長李登輝委託，製作模型說明副都心計畫的郭茂林。（郭純提供）

「那時，李登輝市長對於這個內容的理解如此迅速深入，還有對我這個提案者的誇讚話語，直到今天都令我難以忘懷。當我發現原來在台灣人當中也有如此優秀的人才，那種沉浸在幸福中的感覺真是終身銘記在心。」從文章字裡行間，可以看到郭茂林興奮的心情。

信義副都心有「政治」中心的台北市政府、「經濟」中心的世界貿易中心、「歷史文化」中心的國父紀念館，甚至後來還加上反映台灣經濟發展的金融中心：超高層建築的一〇一大樓。

在一九七八年對李登輝說明時，陪同在側的郭純表示：「基於對新宿副都心高層建築橫向連結不甚順暢的反省，對台北副都心的規劃，提出讓行人可以感受到一體化的概念，同時串連綠地與廣場間的網絡，以及地下鐵的建設計畫。市長李登輝先生果斷地決定採用。」

李登輝應該是想將日本都市計畫的成功案例，當成台灣發展的參考模型。由於有郭茂林這位台灣出身的卓越建築師，更讓他有強烈動機。

李登輝對信義副都心的規劃給予極高評價，其後在李登輝擔任台灣省主席時期，也曾求教郭茂林的意見。甚至於在一九八八年就任總統後，到一九九〇年三月舉行間接總統選舉前，他也曾特別與郭茂林聯絡。李登輝的想法是：由於蔣經國去世而從副總統升任總統，其實只是代理總統。如果在選舉中獲勝得以連任，就可以用正式總統身分來進行國家建設。

根據郭茂林手記的記述：「如果李登輝能當選，對於如何進行台灣整體的專案建設課題，希望我這個都市建設專家能給予建言。那實在是無比光榮的邀請。」在一九九〇年三月的選舉後，李登輝積極進行各項工作，開始籌劃相關的準備。邀請郭茂林提案也是其中一環。

根據郭純的回顧，當時父親雖因罹患大腸癌正在治療，但，「父親仍說，如果這時沒有回應李登輝總統的邀約，那真是枉費身為一個男人。必須奮力一搏。」然後綜合整理曾經參與田中角榮「日本列島改造論」相關計畫的專家智慧，於一九九〇年八月提出「中華民國台灣地區計畫案要點」的二十一世紀國家建設計畫。

這個計畫不僅有國際機場、國際金融中心、休閒遊樂開發等硬體，還加入國際交流、教育研究、自然環境生態等軟體課題，是一個整體「國家建設」的深遠計畫。其中，將台灣本島整合成一個生活圈概念來進行公共建設的提案，其後落實為連結台北與高雄間，只要一個半小時車程的高速鐵路建設計畫。

一九九〇年八月七日，郭茂林在圓山大飯店的融洽餐會氣氛中，向總統提案說明。「父親從李登輝台北市長時代直到就任總統皆有接觸，非常感佩他優秀的判斷力與領導風格，經常羨慕地說：『讓這樣的人格者擔任國家領導，台灣人真的非常幸福。』」

在描繪國家建設藍圖時，不單是都市建設的硬體面，更要構築能讓台灣人更幸福生活的社會建設，仔細思量過軟體建設本質的李登輝，與針對這個目標持續做出適切提案的郭茂林，兩人搭配得天衣無縫。他們之間相互信賴的關係雖然罕為人知，但是今日回顧起來，真的對提升台灣社會的價值扮演了非常重要的角色。

康乃爾大學博士的金字招牌

李登輝就任台北市長三年後的一九八一年，在炎熱夏天接到蔣經國總統召見的電話。李登輝清楚記得那一天。

那是在台北市內綜合醫院中的總統專用病房。當時蔣經國長期罹患的糖尿病開始惡化，他對李登輝說：「我要讓你擔任下一屆的台灣省省主席，開始準備吧。」在累積台北市行政經驗後，蔣經國考慮將台灣省[1]這個有農村、漁村以及多山的寬廣舞台交給李登輝發揮。

蔣經國所說的「準備」，是指找誰擔任幕僚帶去省政府的相關「人事」佈局。同時，他還特別嚴令要求：「將你的腹案告訴我，這事絕對不可以洩露給他人！」

當時台灣的直轄市長與省主席都是任命制，政府、軍隊、特務機關甚至國民黨幹部等相關職務，所有的人事任用權都掌握在蔣經國手中。

其時，台灣省在南投中興新村設置省政府及省議會。在李登輝卸任總統後擔任秘書的鍾振宏（一九二九—二〇一九），原任職於中央部會的行政院新聞局，也是當年李登輝帶到中興新村團隊中的一人。鍾振宏後來歷任駐以色列代表、駐日副代表等職務，在日本有許多好友。

---

1. 台灣省：台灣所稱「中華民國」的一個地方自治體，除了台北、高雄等直轄市，涵蓋台灣本島大多數區域的省。省政府設於南投中興新村。與台灣省相隔的金門、馬祖等接近中國大陸的離島，則是屬於福建省的行政區域。這是主張中國大陸也是自己領土的虛構產物，依此，台灣僅只是「中華民國」其中的一小部分，在行政層面上，台灣實際上處於雙重統治的結構。李登輝在一九九八年十二月進行憲法修改，停止台灣作為地方自治體的功能。相對地，主張台灣是國家領土一部分的「中華人民共和國」，則將台灣視為如福建省或廣東省一般，現在仍然繼續使用「台灣省」這個稱呼。

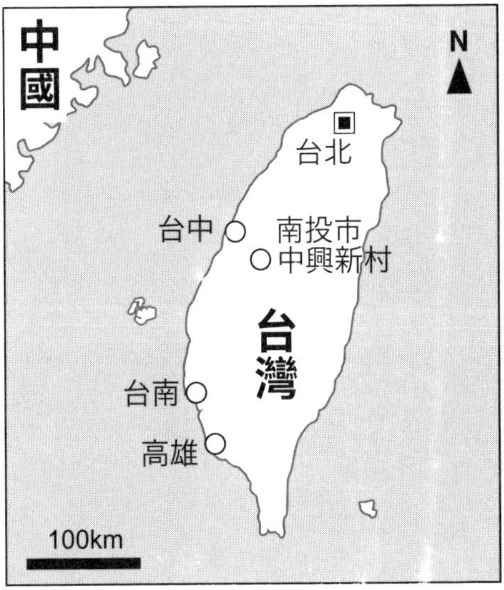

根據鍾振宏的說法，「當時省主席最大的難題是要如何應對七十七位省議員。」省議員大多數是地方有力人士，經常會牽涉到公共工程建設的利益問題。每個省議員在每個會期都有四十分鐘的質詢時間，省主席必須面對七十七人次的質詢，這樣的事每年都必須重複兩次。

即令如此，鍾振宏指出：「李登輝經常親自前往水庫、供水路等建設工地視察，考慮預算要如何妥善分配，對於議員的質詢也非常有禮而妥適地回答。」

根據李登輝自己的說法：「台灣省主席的立場，就是從第一線讓農業與工業能同時成長的重要任務角色。」對於現場主義的李登輝而言，正好是發揮政策執行手腕的最好場域。

同時，李登輝也應用從台北市長任內就開始進行的城市外交經驗，活用台灣省這個地方自治體的功能，嘗試與美國各大州擴大交流關係。根據李登輝基金會提供的資料，李登輝在省主席任內，與肯德基、科羅拉多、密西西比、內布拉斯加、阿肯色、阿拉巴馬、加州，共計七個州政府締結姐妹關係。

在康乃爾大學獲得的農業經濟學博士學位，實際上也成為李登輝的金字招牌。李登輝回憶往事說：「科羅拉多州州長拉姆特地前來中興新村，進行締結姐妹關係的簽約儀式，同時討論雙方在畜產業的相互合作。」這七個州的農業與畜產業都非常興盛。

期間，李登輝在一九八三年八月因與內布拉斯加州簽約，還前往美國訪問。與加州締約是在一九八四年四月，那是隆納德．雷根（Ronald Reagan，一九一一—二〇〇四）之後兩任的喬治．迪克梅吉安（George Deukmejian，一九二八—二〇一八）擔任州長時，雙方議會相關人士也在中興新村簽約。

後來李登輝擔任總統，在中國施壓限縮台灣外交空間的情況下，他利用農業水產以及畜產等的相互合作，展開貿易、技術支援等經濟交流的務實外交，藉此摸索台灣的出路。這個基礎可說都是在擔任省主席時期所奠定。

從「千風之歌」獲得救贖

在掌權者蔣經國守護下，李登輝開始順利累積政治經驗，但魔掌卻從意想不到之處悄悄接近。

接獲蔣經國指示轉任台灣省主席的一九八一年夏天，長男憲文的鼻腔發現癌細胞，且被診斷出時已是末期。

李登輝除了一九五〇年九月出生的長男憲文之外，後面還有兩個女兒。對於擔任新聞記者，也學習日文的憲文，李登輝僅簡短地說：「我們處得很好。」

約一九八〇年，與最愛的父親李登輝對話之長男李憲文。（李登輝基金會提供）

一九七九年結婚的憲文，在一九八一年八月喜獲長女，這也是李登輝夫婦的長孫女。然而，憲文卻在一九八二年三月留下出生僅七個月的長女坤儀，以三十一歲英年撒手人寰。

曾任李登輝一家警衛三十六年的李武男指出：「憲文從小就非常聰明伶俐，也非常孝順雙親。」

李登輝夫婦和兩個女兒在台大醫院目送憲文離世。望著說道：「不能讓他躺在擔架。」而用雙手抱著憲文前往太平間的李登輝背影，這個景象深深地刻映在李武男眼裡。李武男在憲文的葬禮為其著衣入殮。

李登輝親信幕僚鍾振宏說：「當時在省議會有不少性格不好的議員，但是聽到李登輝長男的病情時，卻都異口同聲地呼籲休會，可見大家對李登輝有絕對的信賴。」但李登輝以「不能公私不分」為由加以拒絕，堅持繼續會期。

李登輝非常喜歡與憲文討論台灣社會的動向。一九八〇年九月憲文訪日時，找到《少數支配的法則—政治權力的構造》（新泉社）這本書。他認為「父親一定會喜歡」，因此買下帶回台灣，同時交涉在台灣出版中文版的相關事宜。

那時少數外省人統治下的台灣社會到底要何去何從？憲文藉由日本學術書籍探討解決方策，可能是希望讓父親看到這個努力吧？翻譯作業當時已經完成，但是出版卻是等到憲文過世之後。

李登輝同時以憲文未完成的研究所博士論文為基本架構，於一九八五年自費出版《台灣農地改革對村落社會的貢獻》。在書籍首頁，他親筆題字寫著：「謹以本書獻給我兒憲文。你永遠在爸爸的心中。」

蔣經國在一九八四年提拔李登輝擔任副總統。不過當時國民黨內部私下傳出「由於已經沒有兒子，才會重用李登輝」這樣的謠言。這應該是將權位世襲視為理所當然的中國式想法。台灣出身的本省人李登輝被提拔而仕途鴻展，當然在國民黨內部會有各種嫉妒蜂擁而至。

於二〇〇五年繼鍾振宏後擔任秘書的小栗山雪枝，在二〇〇七年新春一早就被李登輝夫婦召喚。李登輝夫婦在前一年底看NHK紅白歌唱大賽，聽到男高音歌手秋川雅史唱《千風之歌》，非常感動，希望能拿到詳細的歌詞。

「請不要在我墳前哭泣……化為千縷風，在青空翱翔。」李登輝夫婦一次又一次地在翠山莊自宅，和小栗山雪枝三人一起唱著這首歌。夫人曾文惠述懷：「聽了這首歌，心情完全改變。」

這時已經是失去長男憲文將近二十五年後。

流亡學者在美國國會遊說

李登輝以身為台北市長或台灣省主席這個地方首長的立場，擴大海外的姐妹市交流合作關係，嘗試在國際社會尋得活路。另一方面，與李登輝親近的好友之一，即一九七〇年流亡海外的彭明敏，則是從不同的角度在美國活動。

在密西根等地大學執教的彭明敏，以美國為舞台，開始推展訴求擺脫國民黨統治的台灣獨立相關活動，特別是對在華盛頓的遊說活動投入非常大的心力。

卡特政權誕生的一九七七年，「雖然國務院充斥官僚的態度，但參眾兩院卻有很多跨黨派對台灣抱有同情心的議員。」彭明敏回顧。那個背景是對共產黨中國的反感。

彭明敏和參議院議員愛德華・甘迺迪（Edward Moore "Ted" Kennedy，一九三二—二〇〇九）關係特別密切。他是一九六三年被暗殺的約翰・甘迺迪總統之弟。

彭明敏最關心的是，當美國決定與北京的中華人民共和國建交，又與台灣的「中華民國」斷交時，美國要如何處理台灣問題。彭明敏指出：「美國與中國建交而放棄台灣，台灣將成為真空地帶，這將會對中國發送錯誤的訊息。我一直是用這個內容來遊說美國國會議員。」

從安全的觀點來看，美國如果沒有明確表示保護台灣的意志，恐將誘使一直想併吞台灣的中國發起軍事行動。

在巴黎取得法學博士學位的彭明敏，在流亡前就已是歐美各國非常知名的政治學者。彭明敏受到甘迺迪參議員的全面支持，在一九七〇年代後半，兩度針對台灣問題在美國國會舉辦的公聽會上提出證言，同時主張：「美國與台灣的關係必須重新以法律來規範。」

卡特政權在一九七八年底通知台灣的國民黨政府即將斷交，並在一九七九年一月一日與中國正式建交。雖然這是預料中事，但對於從一九三〇年代以來，長期依賴美國軍事及經濟支援的國民黨而言，還是造成極大震撼。

韓戰（一九五〇—一九五三）後，在一九五四年與台灣締結的《中美共同防禦條約》也被片面終止。另一方面，不只是彭明敏等人努力遊說，國民黨政權也有相當程度的顧慮，終於在一九七九年四月十日藉由國會立法，通過美國的國內法《台灣關係法》[2]。

在台美斷交十六年後，李登輝要以私人身分訪問美國，遭到中國強烈反彈。從一九九五年七月開始到次年三月，中國以演習為名，陸續朝台灣外海發射彈道飛彈，引發台海危機。此時柯林頓政權為了牽制中國，派遣兩艘航空母艦前往台灣海域，讓危機得以解除。

針對當時的軍事緊張，李登輝回顧：「由於有《台灣關係法》，美國能派遣航空母艦到台灣海峽，展現強大軍力給中國看，中國才收起威脅的矛頭。這是非常好的例子。」無可否認地，如果沒有台灣關係法，台灣在一九九五、一九九六年間被戰火包圍的可能性相當高。

美國在斷交後仍然根據該法，繼續販售F16戰機和地對空飛彈等武器給台灣。之後川普政權又在二〇一九年七月，簽署包括M1A2T亞伯拉罕戰車一〇八輛，以及攜帶式地對空「刺針飛彈」二五〇枚等總額超過美金二十二億元的對台軍售案。

深入關切安全保障的雷根

這是李登輝以台北市長身分，為與洛杉磯等締結姐妹市，第三次訪問美國時發生的事。從一九七〇年代開始，在美國流亡的政治學者彭明敏一直避免與舊識李登輝在美國碰面，理由是李登輝已經站在統治者國民黨那一邊。

另一方面，彭明敏一九七〇年代後期在美國首都華盛頓獲得前加州州長隆納德・雷根的知遇。

彭明敏在國會持續進行遊說活動時期，有人要介紹一位「對亞洲安全保障高度關注的有力人士」給他。

2. 台灣關係法：這是規定提供台灣防衛性武器等，由總計十八項條文所構成的美國國內法。其內容涵蓋排除對台灣行使武力或軍事施壓等相關條文。事實上等於是美台軍事同盟，目的是牽制企圖併吞台灣的中國。以國會議員立法的方式，在一九七九年四月十日通過成立，但法律生效日卻是回溯到美中建立外交關係的同年一月一日。二〇一九年八月，川普政權根據此法簽署同意銷售台灣六十六架F16戰機。這是有史以來規模最大的軍售案，也是美國中斷二十七年再度銷售戰鬥機給台灣。

彭明敏表示說：「邀請我進入飯店套房的雷根，是一位非常溫和的人士。」雷根並不認識李登輝，對於台灣相關問題也幾乎一無所知。不過根據彭明敏的回憶，雷根強烈關心國民黨在台灣持續進行被稱為「白色恐怖」的政治迫害，還有來自中國的軍事威脅。

其後，雷根在總統選舉獲勝，於一九八一年一月就任總統。他在次年針對《台灣關係法》，確認「六項保證」。包括對台軍售不事先與中國協議、不設定停止供給武器的期限等等，都是補強《台灣關係法》內容的相關事項。

彭明敏評論：「我一再試圖說明台灣的困境，根本就完全沒想到，雷根會如此深入關心台灣的安全保障。」

其實，在《台灣關係法》中，暗藏著促使國民黨政權進行民主化的「機關」。

對此，二松學舍大學伊藤潔教授所著《台灣》一書中指出下列兩點：

第一，「台灣與澎湖列島」是該法的適用範圍，而離島的金門、馬祖則不適用。這些國民黨政權實際支配的離島非常接近中國大陸。

這與國民黨政權在台灣稱為「中華民國」的實際支配區域有差異。同時，《台灣關係法》是「美國政府與台灣統治當局（Authorities on Taiwan）」之間的協議，其對象並不是「中華民國」或「中國國民黨」。

伊藤潔寫道：「這是將國民黨的繼任政黨也放入視野，非常明顯地試圖讓此法可以完全適用在後繼的執政黨。」

第二，《台灣關係法》中加入「茲此重申維護及促進所有台灣人民的人權是美國的目標」這個條款，此點可以視為「比起與國民黨政權的關係，美國將重點置於台灣住民與美國的關係。」

該法所明示的這些認知，雖可說是彭明敏等在美活動人士的遊說成果，但當然也與雷根的行動有所連結。美國給蔣經國體制施加的民主化壓力更形強烈。

蔣經國去世後，一九八八年李登輝總統誕生。一九九二年台灣最高法院取消逃亡海外活動家的「政治犯」罪名，彭明敏終於在睽違二十二年後得以返台。

與李登輝再次碰面的彭明敏說：「沒提到在美國時和誰見面、說了什麼話，更沒提到遊說活動的事情。」實際上，李登輝什麼都沒問。

不過，彭明敏返台經過一段時間後，得知李登輝在一九九〇年舉行的國民黨重要會議上表示：「彭明敏是真正的愛國者。」對於美國制定《台灣關係法》的背後存在著彭明敏一事，彭明敏笑著說：「李登輝應該是透過情報機關的報告，已掌握我在美國的所有活動吧？」

二〇一八年八月，現任蔡英文總統在訪問中南美時，利用過境美國的機會，也訪問位於洛杉磯郊外的雷根紀念圖書館，對於雷根執行「六項保證」的台灣政策重新表達謝意。

用暴力尋求民主化的矛盾

從一九七〇到八〇年代，美國對於台灣的民主化表達深切關心。這當中，與蔣經國有關的兩次暗殺事件絕對有影響。

最初的事件是一九七〇年四月二十四日，發生於紐約市中心的廣場飯店前。長期在美國訴求台灣獨立的台灣留學生黃文雄（一九三七—，與旅日作家黃文雄不同人）取出暗藏的手槍，正面朝訪美的蔣經國射擊。

但受到干擾，子彈歪掉而未打中蔣經國，黃文雄和另一名台灣人鄭自財被捕。當時，蔣經國雖只是行政院副院長，實際上負責警備總司令部等情治單位，掌握著絕大權力。

聽到暗殺未遂事件時，李登輝表示：「說實在的，真是嚇出一身冷汗。」朝蔣經國開槍的這個黃文雄，在李登輝於一九六五到一九六八年留學綺色佳的康乃爾大學期間，也是經常登門造訪的留學生之一。李登輝夫婦總是想辦法從獎學金中擠出部分金錢，邀集當時在美國為數不多的台灣人留學生，請大家一起享用牛排等家庭料理。

李登輝雖然和黃文雄沒有任何政治上的牽連，不過當時台灣是只要有些微嫌疑都可能遭到逮捕的年代。然而，在日本從事台灣獨立運動的黃昭堂評論：「李登輝非常幸運！」因為一九六九年蔣經國命令警備總司令部帶走李登輝時，已完成身家調查。黃昭堂認為：

「蔣經國保護了已經決定要起用的李登輝。」

黃昭堂更進一步說：「藉由這次的暗殺未遂事件，美國開始深刻意識到，台灣人對於國民黨政權的獨裁是何等強烈不滿。」

不過，李登輝不滿地說：「如果是為了台灣獨立，就不應該使用暗殺這樣的手段。」李登輝認為：「使用暴力追求民主化絕對是矛盾的。」或許這就是獨立運動家和現實主義政治家在基本理念上的決定性差異。

接著，更激烈的暗殺事件發生在一九八四年十月十五日。中國大陸出生但取得美國國籍的江南（本名劉宜良），在加州自宅被台灣的黑道組織成員射殺身亡，時年五十一歲。這時正好是江南剛出版暴露蔣經國黑暗面的《蔣經國傳》之後。

美國調查局取得犯人與台灣情報當局對話的錄音帶。美國強烈要求當時擔任總統的蔣經國政權處理這件事，甚至威脅要停止武器供給。擁有美國國籍者在美國國內被與台灣當局有關的人奪走生命，美國當然無法容忍。

國民黨政權最終並未將犯人引渡到美國，而是以暴力組織的犯罪行為在台灣審判。有傳聞暗殺事件是蔣經國次子蔣孝武（一九四五—一九九一）下令執行，不過真相至今仍然不明。

另外，與這兩次暗殺事件無關，卻也相當引起美國關注的是陳文成事件。一九八一年七月，在美國批判國民黨政權的卡內基大學助理教授陳文成，於返台探親時，被警備總司令部抓去訊問，其後卻被發現陳屍在母校台灣大學校園，時年僅三十一歲。此事可能帶有警告意味，但案件墜入迷霧，至今未破。

一連串的血腥事件引起美國高度關注。根據伊藤潔所著《台灣》一書的描述，美國總統雷根在一九八六年度的《國防權限法》中清楚地記下：

「台灣民主化運動的發展是支撐《台灣關係法》持續運作的基石。美國勸告台灣統治當局應該強力推進民主化運動。」

伊藤潔補充道：「這對日後台灣民主化的影響深厚。」

「獨裁政治必然終結」

美國透過一九七九年四月制定的《台灣關係法》，強烈要求獨裁的國民黨政權必須民主化的同時，台灣內部累積醞釀已久，對於政治迫害的不滿與怨氣，也面臨火山爆發的階段。

在此情況下，同年十二月十日爆發「美麗島事件」。事件中心的高雄是台灣南部的港灣城市，商業興盛、充滿活力，與一九七九年李登輝擔任市長的台北都是中央直轄市。台北與高雄的關係就如同日本的東京與大阪，或中國的北京與上海。

事件的名稱是以同年八月創刊的月刊《美麗島》雜誌命名。這是由一群反對獨裁體制、要求民主化的人士共同發行的政論雜誌。當時，由雜誌社發起在十二月十日舉辦抗議活動，約有三萬名台灣人參加。然而，蔣經國政權認定這是違法集會，出動憲兵部隊強加鎮壓。

那是戒嚴令仍在持續的時期。首謀八人（其中女性二人）在軍事法庭依叛亂罪進行審判，最後有一名被判無期徒刑，其他七人各判十二到十四年的有期徒刑。

身為雜誌社幹部、被判刑十二年的律師姚嘉文在受訪時說：「美麗島事件真的是台灣民主化、本土化、現代化、國際化的轉捩點。」

姚嘉文等人的訴求首先是解除戒嚴。還有就是國民黨政權來台之前，在中國大陸各省選出的立法委員，由他們組成僵化的萬年立法院應該要改選。

在軍事法庭擔任姚嘉文辯護律師的謝長廷（一九四六—）回顧那個政治迫害的時代說：「不是為了姚嘉文個人，而是為了台灣的民主運動而接受辯護委任。」對於國民黨獨裁政權之反彈，還有對民主化的渴望，使得一股悲愴的心情在民眾間廣泛傳開。

事件當時，解除戒嚴等要求在民主化過程中都是現實問題，但其最大的影響，應該是奠定台灣最初的在野黨民主進步黨能在一九八六年九月成立的基礎。

以謝長廷、陳水扁（一九五〇—）等辯護律師為中心，分別投入已經民選的北高市議員或台灣省議員選舉，以無黨籍身分在一九八〇年代當選，並開始秘密準備組成政黨。

在一九八四年成為副總統的李登輝，於一九八六年二月接獲蔣經國的秘密指令，暗地觀察台灣第一個在野黨成立。李登輝明白表示：「獨裁政治必然終結，蔣經國應該也是這麼認為。」

由於擔任副總統的李登輝私下奔走，姚嘉文等被依叛亂罪處以重刑的八個人最後都獲得減刑出獄。謝長廷其後歷任行政院長，目前擔任台北駐日經濟文化代表處的代表。陳水扁則在二〇〇〇年首次讓民進黨從國民黨手中贏得政權而成為總統。

姚嘉文在陳水扁政權時代，擔任考試院院長。其他七人也都成為民進黨或政府的重要幹部，在台灣政界各擅勝場。曾擔任總統府秘書長，輔佐蔡英文政權的陳菊（一九五〇—）也是其中之一。姚嘉文回顧一九七九年發生的事件，評論道：「真是百感交集。」

沒有台灣人支持，政權命脈將盡

「提名李登輝同志為中華民國第七任副總統候選人。」一九八四年二月十五日，在陽明山中山樓舉行國大代表大會中，身為總統兼國民黨主席的蔣經國作出如上發言。

這時六十一歲的李登輝僅有十二年黨齡，資歷非常淺。不過，蔣經國認為李登輝歷任台北市長及台灣省主席等地方行政首長，決定讓他更上一層樓，成為政權的第二號人物。

當時台灣是以黨領政的體制結構，與現在的中國可說半斤八兩。

李登輝在會議三十分鐘前，受到人在休息室的蔣經國召見。李登輝說，「蔣總統以微弱的聲音說：『今天要提名你擔任副總統。』」蔣經國的糖尿病已惡化，當天只能躺臥在床上。但李登輝說：「我的能力不足，無法擔負如此重責大任。」堅持拒絕。

跳過許多元老黨員而坐上副總統這個位置，完全超乎李登輝想像，因此他的固辭發自內心。更何況，他也未經歷行政院長等中央部會要職。

然而蔣經國以強烈口吻阻斷李登輝發言：「我已經決定就是你，希望你可以擔任副總統盡量久一點。」

這時，李登輝也只能下定決心，因為：「既然如此被信賴，就只能盡力輔佐蔣總統。」

另一方面，在外省人占據中樞的國民黨，其內部也開始對本省人李登輝的仕途亨通，嫉妒與憎惡情緒日益劇增，他們捏造許多毫無根據的流言，甚至出現如下的毀謗：

為什麼李登輝可以當副總統？那是因為蔣經國進廁所時，秘書長從門外問道：「總統，下任副總統要給誰當？」蔣經國用濃重的浙江口音回答說：「你等會兒。」結果秘書長錯聽為「李登輝」，因此在國民大會列為議題提出。

這只是想揶揄李登輝，硬說蔣經國另有人選，但是因為不知哪裡出了問題，陰錯陽差讓李登輝當上了副總統。

最後，掌權者蔣經國所決定的人事案，黨內並沒人敢出聲反對，經過形式上的選舉，李登輝正式在一九八四年五月二十日就任副總統。

次年發生的事更明確反映蔣經國的想法。

在一九八五年十二月的會議上，蔣經國明白宣示「蔣家人今後不能也不會參選總統」、「不會出現軍事政權」、「我也是台灣人」。

李登輝表示：「我沒有確認過蔣經國是否有意要我擔任總統，不過政府必須任用可以信賴的台灣人，並藉由民主化與台灣化來獲得更多支持，否則國民黨的命脈也將終結。蔣經國應該是如此考慮的吧！」

這後面當然也有來自美國的民主化要求，以及美麗島事件等所呈現的民眾反彈的社會背景。

同時，就在此刻，蔣經國改變父親蔣介石時代以來的無謀策略，也就是拋棄要反攻大陸的國民黨前提，調整政治輪舵轉向現實路線，這個意圖非常明顯。起用李登輝擔任副總統就是這個象徵之一。

蔣經國在一九八六年九月承認第一個在野黨成立，一九八七年七月解除長達三十八年的戒嚴令，更在一九八八年一月解除報禁，允許報導自由。

李登輝回顧道：「如果當時沒有蔣經國迅速果敢地決斷，其後的民主化必定非常困難。」確實，時代正急速地轉動變化，而與此同時，蔣經國的病況也正在急速惡化。

覬覦國民黨主席的宋美齡

一九八八年一月十三日下午，副總統李登輝收到秘書通報：「立即前往七海。」「七海」指的是蔣經國的總統官邸。

但當時李登輝正在總統府與美國眾議員魏斯．沃特金斯（Wes Watkins，一九三八－）會談，「根本就無法離席。」

七海官邸位於距總統府約二十分鐘車程的台北大直。會談結束後，李登輝立即趕往官邸，到達時已是下午四點多。「那時蔣經國總統才剛過世」，享年七十七歲。雖然糖尿病病情嚴重惡化，但其本人認為應該還能撐一段時間，「我也完全沒有想到會如此快就離世。」李登輝如此回憶。

從高雄陸軍軍官學校一九八六年畢業起，就一直負責蔣經國警衛任務小組的王燕軍（一九六二－）回顧說：「當天下午蔣經國應該要前往醫院，但在下午一點半或兩點時突然取消前往醫院的行程。之後，許多高官陸續前來七海。」蔣經國即使糖尿病嚴重惡化，仍然留在官邸，盡量避免前往醫院。但死神突然降臨。

李登輝迄今仍遺憾沒能在蔣經國生前及時趕到他身邊。因為蔣經國一手掌握國民黨、政府、軍隊、特務機關等的最高權力，但「卻沒有留下任何遺言給我就過世了」。

到底要由誰來擔任接班人？雖然，民主化的徵兆已經開始萌芽，但隨著獨裁者去世，權力要如何轉移，他完全沒有任何交代。

唯一解決之道就是一九七五年四月蔣介石在總統任內去世，根據憲法由當時的副總統嚴家淦繼任總統的先例。

離開七海官邸後的李登輝，當天晚上八點多在總統府宣誓，就任「第七任中華民國總統」。不過，李登輝實際上是蔣經國所遺留兩年四個月任期的代理總統，因此出現「權力的真空」，副總統一職也就成為虛懸的狀態。

就在這一天，以新上任總統的李登輝為主軸，重新進行維安小組的任務編組。此時，王燕軍是率領約一百名部下的幹部，他只記得：「那一天真的是非常緊張。」由於最高權力者的突然逝世，面臨基於憲法規定必須即日進行權力移轉的緊迫事態。

新任總統李登輝首先要面對的是來自蔣介石夫人宋美齡的壓力。

據李登輝回憶：「宋美齡立即透過國民黨秘書長李煥傳達：國民黨主席要由誰來擔任的事暫時先延後別決定。」這件事李登輝幾乎沒跟任何人說過，這是等於宋美齡事先聲明：她自己想成為國民黨的主席，「這是宋美齡當時的心情。」

蔣經國雖然是蔣介石的長男，但是與宋美齡並無真正的血緣關係，兩人的關係也相當不好。宋美齡其實是將蔣經國的去世當成絕佳機會，希望能藉丈夫蔣介石的威嚴光環作為靠山，試圖獲得國民黨主席的大位，進而掌握總統、政府以及軍隊等所有一切的統治權力。

相對於此，李登輝回顧當時狀況說：「突然成為總統，但是沒有權力，也沒有派系，完全是空殼。」台灣出身的本省人李登輝，他最大的弱點是失去蔣經國這個靠山，變成隻身處於以外省人為中心的國民黨內部，完全沒有任何權力基礎。

宋美齡集合李煥等外省有力人士，開始緊急策劃不將黨權力交給李登輝的政治操作。因為蔣經國的突然逝世，一場熾烈的權力鬥爭正急速展開。

第6章

如履薄冰的新任總統

「不可傷害要求民主化的抗議活動」

一九八八年一月十三日，蔣經國因糖尿病於七十七歲時去世，副總統李登輝根據憲法規定，在同日繼任總統，此時李登輝六十四歲。他以優秀農業經濟學者身分被蔣經國看中，在一九七二年被提拔入閣，至此為第十六年。但在外省人居大半數的國民黨政權內部，台灣出身的李登輝既沒有派系也沒有任何權力基礎。企圖拉下李登輝的政治勢力蠢蠢欲動。李登輝戰戰兢兢、如履薄冰地開啟新任總統的職權。

一九九〇年三月十八日，「野百合學生運動」現場之吉田信解（右）。

一九九〇年三月十八日。在台灣師範大學留學的吉田信解（一九六七—），前往中正紀念堂廣場，那是學生靜坐示威的現場。他受託協助前來採訪的日本雜誌記者，「當時可以用肌膚感受到追求民主化的『吼聲』。」他說。

中正紀念堂是紀念國民黨獨裁者蔣介石，彰顯其豐功偉業的場所。從三月十六日開始，約十位台灣大學的學生在其正前方進行異於往例的靜坐抗議。如果在一九八七年七月解嚴前，這種反體制的活動極有可能被槍斃。

學生向政府提出「萬年國民大會代表下台」、召開「國是會議」等四項要求。其他大學的學生也陸續聚集。

這是受到一九八九年六月「天安門事件」的強烈影響。天安門廣場的學生最後因為軍隊武力鎮壓而造成許多死傷。

一九九〇年三月的台北，除了學生靜坐抗議，在野的民進黨也呼籲社會大眾回應，召開聲援的政治集會，數日間在中正紀念堂聚集的群眾迅速膨脹到數萬人。

吉田信解說道：「當時曾目擊抗議隊伍在廣場燃燒中華民國『青天白日滿地紅』國旗等緊張場面。」

「警察只是從遠方包圍，沒看到任何要鎮壓的跡象，完全感受不到危險。攤販使用擴音器播放著日本演歌，感覺是氣氛非常不可思議的和平抗議。」目前擔任埼玉縣本庄市市長的吉田信解，拿出當時拍攝的相片回顧。

當時負責監督警察的內政部長許水德（一九三一——）透露：「事實上，那時李登輝已直接嚴令：『警察絕對不可傷害抗議學生。』」

一九八八年七月就任內政部長的許水德，接獲李登輝如下指示：「請秘密與日本警察官僚佐佐淳行（一九三〇—二〇一八）聯絡，請教他如果台灣發生大規模抗議活動，警察應該如何因應才能安全解決？」從時代潮流的變化，李登輝已預測到要求民主化的抗議勢必發生。

許水德透過熟人，數次與佐佐淳行在東京的飯店見面。當時佐佐淳行是內閣安全保障室室長。「他仔細地教導處理的方式，強調絕對不可讓抗議隊伍有傷亡，連一個都不行。」聽到報告後的李登輝，指示一定要確實遵守佐佐淳行的建議。在一九九〇年三月的抗議活動中，許水德確實遵守佐佐淳行的教導，忠實地活用執行。

在接受採訪時，李登輝說：「我完全能理解當時學生對民主化的要求。」也認為只有透過「討論」才能解決問題。李登輝表示：「在學運發生後，我希望直接聽取學生訴求，因而立即驅車前往中正紀念堂，但因被維安人員制止而沒有下車，只好透過車窗從遠處觀看。」他也提到：「三月的台灣還是很冷，非常擔心學生健康。」李登輝後來召見抗議學生代表前往總統府直接對話。

這個戰後台灣第一次以學生為中心的大規模抗議活動，被稱為「野百合學生運動」。也在中正紀念堂廣場參加靜坐的李明峻（一九六三—），回顧當時的情況表示：「與其說是反政府示威，倒不如說是反對中國出身的保守派所爆發的抗議行動。」

由數十年完全不曾改選的「萬年國代」組成的國民大會[1]，在此時竟然還提案要求再延長任期及追加出席費，此事對學生抗議活動無異火上加油。

當時尚在淡江大學念研究所的李明峻表示，當時有人說目擊到李登輝曾驅車前來現場又離開，「此事雖沒有特別在抗爭現場被說出，但對李登輝有好感的學生確實持續增加。」

雖然是掌握政權的最高權力者，但對於第一位台灣出身的總統李登輝，學生期待他能進行政治改革，這也是發動該次抗議行動的動機。

回應李登輝的呼籲，五十三名學生代表在三月二十一日晚上八點多前往總統府。李登輝說他向學生代表表示：將近一週的持續靜坐，有時還在下雨，當中還有些人絕食，非常擔心學生的健康狀況。在聽取學生訴求約一小時後，約定舉行聽取民意的國是會議。

在總統府進行的會談實況，透過錄影，於當天深夜在廣場播放，最後參加抗議的學生決定相信李登輝，在不引起混亂的情況下安靜散去。

二〇〇一年出版的《李登輝執政告白實錄》，作者鄒景雯是政治記者出身，她特別評

1. 國民大會：中國國民黨在一九四八年於中國大陸設置的最高民意決定機關。具有選舉總統、副總統以及修訂憲法的權限。在國共內戰敗北逃亡台灣的一九四九年後，中國國民黨並未改選這些在中國大陸選出的代表，藉此讓國民大會繼續存在。經過數十年，這些已屆高齡卻還不願意放手權利的約七百名代表，一九九一年在李登輝的說服下同意退任。其後，雖然進行國大代表改選，不過權限大幅縮小，最後國民大會於二〇〇五年完全廢除。

論：「一九九〇年三月的『三月學運』，結果讓和保守派政治鬥爭的李登輝加速民主改革的腳步。」李登輝回應學生發自內心的訴求，結果也讓年輕人成為自己的支持者。

真可說是完全相反的對照。一九八九年六月的天安門事件，或二〇一九年香港的反送中運動等，這些由學生發起的抗議活動，都被中國共產黨政權強行鎮壓。

當香港的衝突激化時，為了守護年輕學生不被警察傷害，台灣各地發起募集包括防毒面具、提供支援物資和捐款。這些募集活動是由經歷一九九〇年三月野百合學運、約五十歲這代的台灣知識分子所主導，他們對二〇一四年三月參加太陽花學運的台灣年輕人，以及香港的抗議活動，都表示極大的同感與支持。

二〇一九年，台灣也舉行數個支援香港抗議活動的遊行，除了支援在香港抗議行動而受傷或被逮捕的年輕人，也有基督教相關團體為因抗議港府而自殺的年輕人舉行追悼會。

香港警察近距離對抗議隊伍開槍，導致事態日益嚴重，而其背後正是抑壓民主的共產黨政權，這對台灣而言絕非隔岸觀火。今天的香港可能是明天的台灣，這個心情在台灣社會發酵。

來自宋美齡的政治壓力「Listen To Me」

戰後，在台灣以掌握絕對權力的蔣介石與蔣經國父子為首，大陸出身的外省人長期充斥統治階層。由於蔣經國去世，台灣出身的本省人李登輝，在一九八八年一月十三日繼任總統，完全是偶然。

「即使從我口中說出『我是總統』，也不會有人理會，大家只是表面上服從，實際上根本就不當一回事。我只是一個沒有任何實權的總統。」李登輝回憶。

李登輝從被提拔擔任政務委員起，到那時已經超過十五年，他一直都在近距離默默觀察蔣經國，學習蔣經國的中國式政治手法，以及掌握人心的技巧。這是當時李登輝手上唯一的資產。

從就任的第二天開始，他就一直告訴自己：「如果是蔣經國，他會怎麼處理？現在是忍耐的時候。在真正能以總統身分做事的時機來臨前，只能保持低姿態。」他開始拜訪所有具影響力的大老。

國民黨政權是以黨為主軸，加上政府、軍隊、特務機關，由這四個組織作為權力結構的基礎，但大老們也會隨時明示暗示地出聲表示意見。

李登輝更每天前往放置蔣經國遺體的忠烈祠低頭膜拜。這些姿態都是為讓大家看到：

一九八八年七月八日，與時任總統之李登輝握手的蔣介石夫人宋美齡（左）。（李登輝基金會提供）

「李登輝沒有自己的路線，只是遵循蔣經國鋪好的路線。」他要讓對台灣人總統的反彈降到最低，這是李登輝內心最大的想法。

這時，主張「李登輝成為總統既已無法改變，絕對不可再將實權交給台灣人」的重量級政治人物返台，那就是蔣介石的夫人宋美齡。

蔣經國不是宋美齡的親生兒子，兩人的關係並不好。宋美齡長年定居美國紐約，關於她的出生年齡有許多說法，如以官方登記的一八九八年為準，當李登輝繼任總統時，她大約九十歲。李登輝收到宋美齡傳來的訊息：「國民黨主席人選延後決定！」李登輝相信，宋美齡是覬覦著國民黨黨主席的大位。

與中國共產黨政權的權力結構非常類似，國民黨政權在台灣也是把黨置於政府之上，黨的決定高於一切。因此，國民黨黨主席掌握有操控總統的絕對權力。

一九七五年蔣介石去世後，副總統嚴家淦繼任，但是直到卸任的一九七八年，實際政治權力都掌握在由蔣介石手中接下黨主席的蔣經國身上，軍隊也是完全被黨掌控。

然而就任總統又接下代理黨主席的李登輝，一方面用年輕外省人當親信，另一方面也低姿態取得大老支持，終於在一九八八年七月正式取得國民黨黨主席的位子。

「當時仗著是蔣介石夫人的宋美齡那種旁若無人的態度，讓許多大老非常反感，反而成為支持李登輝的力量。」國民黨相關人士做出上述說明。

不過，宋美齡後來也曾試圖扳回一城。李登輝在一九八九年底將參謀總長郝柏村（一九一九—二〇二〇）升任為國防部長，藉以切斷其對軍隊的影響力。看起來是更上一層樓，但是基於文人治理原則，郝柏村必須卸下軍職，對軍隊的影響勢必受到限制。

聽到郝柏村的人事案，宋美齡召見李登輝，要求「讓郝柏村繼續擔任參謀總長」。宋美齡是想透過自己親信的郝柏村維持對軍隊的影響力。宋美齡以英語說道：「Listen To Me（聽我的）」。李登輝表示說：「那應該是命令的口氣吧！」

李登輝以聽不明白宋美齡夾雜著上海口音的華語為由，要求「請將內容寫成書面給我」，想要留下她施壓的證據。

宋美齡的書面雖然送達總統府，李登輝最後還是完全無視宋美齡的「命令」。宋美齡後來悻悻然離開台灣，於二〇〇三年在美國去世。

拂曉政變「拉下李登輝」

蔣經國一九八八年一月去世，所留下的總統任期約兩年四個月。在這段期間，李登輝實質上只是代理總統。

至於是否應該從代理總統經由選舉成為正式的總統？李登輝清楚說道：「當時其實非常猶豫不決。」李登輝只是農經學學者，完全沒有政治野心。更何況，國民黨內部保守勢力因為蔣經國重用李登輝所起的嫉妒心態，以及同仇敵愾的情緒，不斷利用報紙發布中傷報導等，藉此對李登輝形成壓力。

關於當時狀況的嚴重程度，李登輝甚至說：「某天回到家裡，妻子流著淚懇求：『不要再當總統了！』」報紙的中傷報導也指向曾文惠，連其家族都遭無妄之災波及。

另一方面，一九八九年世界各地都掀起追求民主化的浪潮。以象徵東西冷戰的「柏林圍牆」崩解為契機，東歐的共產黨獨裁政權相繼垮台。此外，雖然最後以失敗收場，但北京的「天安門事件」也具體展現中國學生渴望民主化的行動。

台灣也無可避免地捲入這波世界性的時代洪流。將政治帝王學傳授給李登輝的蔣經國，生前承認在野黨、解除戒嚴令、解除報禁等，遺留民主化的基礎給李登輝。

李登輝提到：「那時心裡想的是：絕對不能讓台灣追求民主化的浪潮被截斷。不管有多麼辛苦艱難，考慮到台灣的未來，此時絕對不能放手拋棄使命。」

接著，他以流利日語吟唱吉田松陰的和歌：「かくすればかくなるものと知りながら、止むに止まれぬ大和魂（明知不可為，卻不得不為之的大和魂）。」這個「不得不為之」的心情，讓李登輝決定奮力一搏。

接下來的總統選舉在一九九〇年三月舉行，當時仍採行「國民大會」間接選舉總統的制度。

李登輝提名總統府秘書長的外省人李元簇（一九二三－二〇一七）作為副總統候選人。為了不挑起黨內保守派人士的「省籍矛盾」，他考慮搭配中國大陸出身的人士當副總統。但保守派還是認為李元簇不夠格，仍然不願意妥協買單。

根據鄒景雯所著的《李登輝執政告白實錄》描述，李登輝在一九八九年所提拔的國防部長郝柏村，與行政院長李煥（一九一七－二〇一〇），兩人正在策劃「拉下李登輝」的計謀。

一九九〇年一月三十一日，國民黨中常會決定李登輝成為國民黨的總統候選人。二月十一日，黨中央召開臨時中央委員會全體委員會議，這是為了確定副總統人選的程序。

但是，郝柏村等人策劃的計謀是，於二月十一日清晨突然變更副總統提名的投票方式，要從原來的「起立」更改為「無記名投票」。他們認為起立會讓反對者留下紀錄，而投票結果更可能成為秋後算賬的對象。

一九九〇年二月十一日，策畫李登輝下台、出席國民黨臨時中常會的國防部長郝柏村（前排左二）。（李登輝基金會提供）

郝柏村等人事先拜訪超過半數以上的保守派中央委員，要求於當日變更選舉方式來否決副總統人選，甚至也對中央常務委員會於一月決定的李登輝候選人資格進行翻盤的準備工作。

但在前一天深夜，獲悉郝柏村等人計謀的李登輝在與親信幕僚商議後，於黎明前刻意將郝柏村等人的計畫洩露給報紙與廣電媒體，讓他們大幅報導此事。這時，在國民黨內部協助李登輝的是中國湖南省出身的宋楚瑜（一九四二—）。宋楚瑜在這之後有相當期間與李登輝保持極為密切的關係，不過兩人最後卻漸行漸遠並分道揚鑣。

二月十一日清晨，約一百七十位中央委員的多數都看到報導，他們發現如果贊成採取無記名投票，勢必引起社會輿論反彈，所以最後仍決定採取過去的起立方式，從而確定李登輝與李元簇的正副總統候選人資格。

保守派並不如郝柏村等人所想像的團結，李登輝回顧說：「那次真的是拂曉的政變。」

從「代理總統」蛻變

一九九〇年二月十一日，國防部長郝柏村等人策劃發動「拂曉政變」，要將李登輝拉下總統大位，但最後以失敗收場。不過，郝柏村等人並未就此死心。

雖然國民黨臨時中央委員會全體會議決定提名李登輝與李元簇為總統、副總統候選人，但要正式成為台灣的總統、副總統，還是必須等到三月二十一日召開「國民大會」投票選舉。

郝柏村等人認為只要能獲得全體七百一十四名代表的過半數支持，就可以改變結果，顛覆原先黨大會的決定。

他們推出來的另一組候選人是林洋港（一九二七—二〇一三）。本省人林洋港比李登輝更早在國民黨內嶄露頭角，李登輝所經歷的台北市長、台灣省主席等，林洋港都是李登輝的前任。

然而，蔣經國在一九八四年卻提拔李登輝為副總統，讓他在仕途上超越林洋港。李登輝表示：「林洋港的政治野心太過強烈，使蔣經國有所警戒。」

在幾乎都由外省人組成的保守派，特別考慮選擇同為本省人的林洋港作為李登輝的競爭對手。關於這事的背景，二松學舍大學的伊藤潔教授用「李登輝情結」來說明。

戰後四十多年來，台灣完全由外省人盤據統治階層，本省人已對政治半絕望，但這個氣氛在一九八八年李登輝擔任總統之後徹底改觀，台灣人開始提升參與政治的關心度。人口約占百分之八十以上的本省人，開始有主體性意識的這種變革，使得台灣進入連保守派也無法忽視的轉換期。

郝柏村等人請出蔣介石養子、軍人出身的蔣緯國（一九一六—一九九七）擔任林洋港的副手，這是企圖以蔣家成員的參與來增加權威的戰術。

李登輝認為：「究其實，在檯面下動作不斷的郝柏村等人眼裡，林洋港和蔣緯國兩人也不過只是手上操控的人偶。」同時他也表示：「當時已經固好選票，我有絕對的勝算。」從就任總統以來，不單是國民黨的有力大老，連那些高齡的國民大會代表，李登輝都馬不停蹄地以低姿態逐一拜訪請益。

李登輝直言：當初如履薄冰接任總統時，確實希望能盡量爭取更多願意理解他的人，他用這種心情逐一探訪，結果沒想到卻與總統選舉時的固票連結起來。

根據李登輝的說法，林洋港與蔣緯國這組在選前得到的支持不會超過一百八十人。後來透過大老出面說服，林洋港最後在三月九日放棄參選。三月二十一日國民大會選舉，李登輝和李元簇獲得六百四十一票，順利當選為正副總統。

針對當時的情況，郝柏村在二〇一九年八月百歲誕辰時出版《郝柏村回憶錄》（遠見天下文化出版）一書，批評道：「當初李登輝答應只做一任（當時任期是六年），約定下任總統要讓給林洋港，以此說服林洋港放棄參選，但之後卻食言繼續擔任總統。」

郝柏村也提到「我並沒有介入（一九九〇年的總統選舉）」，主張這事與他無關，但在字裡行間可以看出，他充滿懊惱與不甘心。

事實上，在林洋港放棄參選之前，李登輝已獲得大多數國代的支持，選票早就綁樁固好，根本沒必要和林洋港做任何約定。

最令人跌破眼鏡的是，經過國民大會選舉從代理總統蛻變為正式總統的李登輝，竟然在同年六月任命政敵郝柏村擔任行政院長。

行政院長人事任命充滿權謀術數

經過一九九〇年三月二十一日的國民大會選舉，李登輝在五月二十日脫下代理總統外衣，就任為正式總統。

不過，李登輝所任命的新任行政院長一職，其人選竟是國防部長郝柏村。

郝柏村在選舉時策劃要「拉下李登輝」已是公開秘密。政界對李登輝的這個決定普遍都疑心暗鬼。但另一方面，對於從一九八一年開始擔任八年參謀總長而掌握軍權的郝柏村，社會輿論開始強烈反對。

在野的民進黨用「民主化的逆流」攻擊，在三月剛收起要求民主化抗議矛頭的學生，反以「反對軍人干政」批評李登輝，並發動示威遊行等抗議活動。

李登輝解釋：「當時沒有對任何人提起，但讓參謀總長郝柏村升任國防部長乃至於行政院長，其實是『將國民黨控制的軍隊變為國家軍隊』的重要戰術。」

從蔣介石時代開始，國民黨政權就將軍隊置於黨的支配體制之下。如同中國人民解放軍目前也還是在共產黨指揮下一般，兩者的權力結構基本上沒有差異。更何況，郝柏村等國民黨保守派更將軍隊的人事、預算及作戰部隊全都掌握在手中。

李登輝認為軍隊由國民黨，特別是由部分保守派掌控的這個問題，是台灣民主化最大的阻礙。因此，利用位居總統兼國民黨黨主席的最高人事權，李登輝想改造軍隊的統治結構。

在被任命擔任行政院長一職後，郝柏村立即前往榮民總醫院拜訪蔣宋美齡。根據《郝柏村回憶錄》的敘述，宋美齡緊緊握著郝柏村的手不停說話。對於能榮升行政院長，「蔣夫人非常興奮」，郝柏村本人應該也非常高興吧？郝柏村在拜訪宋美齡後就辦理軍職除籍，「除役」是擔任行政院長的條件。

李登輝利用「榮升」手段引蛇出洞，讓郝柏村「除役」。另一方面，對於總統府參軍長以及參謀總長等職務，則陸續任命反郝系的軍人，將郝柏村切離對軍隊的掌控。

從此開始，李郝之鬥再度展開。郝柏村利用行政院長權限，反對李登輝的人事任命案，企圖要從行政院繼續對軍隊發揮影響力。

然而，社會輿論對郝柏村的反感日益增強。一九九一年七月，民進黨立委在立法院強烈追究：「郝柏村行政院長召集參謀總長等軍事將領舉行軍事會議違法！」指責他公然越權。

在國民對郝柏村持續批判當中，一九九二年十二月一日立法院舉行一百六十一名立委全面改選，結果民進黨大幅成長，國民黨籍立委總數減少到不足一百席。

郝柏村終於也注意到李登輝的意圖，開始反擊。一九九三年一月，民進黨立委再次爆料：「行政院長與軍隊將官策劃要發動軍事政變」，確實當時應該是在策劃著什麼。由於這個問題，導致新任參謀總長不得不下達「軍人不得介入政治」的命令，而在這種動亂情勢下，郝柏村被迫於二月二日提出內閣總辭。

李登輝早就看出：讓郝柏村榮升，使其受社會輿論與在野黨監督，藉此逐漸淡化他對軍隊的影響力。

尤有甚者，李登輝用郝柏村取代前任行政院長李煥，讓他們兩人關係破裂，引發國民黨保守派內部的鬥爭，真可說是一石二鳥的權謀。至此，軍隊逐漸脫離國民黨的掌控，轉而成為由政府控制的軍隊。

針對這一連串的政治舉措，非常了解台灣政治的前早稻田大學教授若林正丈指出：「身為政治家的李登輝，當時處理這些事情的手腕確實非常高明。」

滿佈荊棘的民主之路

一九九〇年五月，李登輝開始大刀闊斧展開政治改革。就職成為第八任總統的五月二十日當天，李登輝立即行使總統職權，特赦二十名政治犯，同時恢復十四人的公民權。他們大多數是「美麗島事件」中被依叛亂罪判刑的民主運動人士以及律師等。

入獄七年，於一九八七年出獄的姚嘉文，也是恢復公民權的其中一人。姚嘉文強調：「李登輝當時的決斷，具有非常重大的意義。這等於證明：要求自由、民主、人權的『美麗島事件』完全無罪。」

李登輝的目的是想藉此暗示：他要清算過去國民黨獨裁政權所做的迫害，同時保證在野黨能自由進行政治活動。這是政黨政治絕對需要的指標。姚嘉文在這之後歷任民進黨黨主席、考試院院長以及總統府資政等職務。

李登輝回顧說：「在國民大會被選為正式總統之後，我認為這是可以邁向自己心目中理想的民主國家大道的一刻。」

李登輝更進一步下令擔任國民黨秘書長的親信宋楚瑜儘速召開「國是會議」，實現三月「野百合學運」與學生的約定。外省人的宋楚瑜具備優秀的政治力和協調力，是能在國民黨內部說服其他人的適當人選。

一九九〇年六月二十八日到七月四日，台灣史上第一次，包括民進黨等反體制派的政治家或政府相關人士，加上工商界、學界代表等眾多民間人士，匯集一百五十人在台北市召開國是會議。

雖然國是會議的結論不具任何法律效力，但李登輝認為，藉由反映會議中的民意在政策上，成為推動改革的風向。

國是會議最後達成五點結論，包括：①總統由台灣住民直接選舉產生，②修訂憲法，③對中國大陸的政策必須考慮台灣的安全等。

閉幕式時，李登輝致詞說道：「國是會議對於爾後的憲政改革有很大的影響力。我們要果斷地進行尊重民意的政治改革。」這如同李登輝正式宣示，將獨裁政權從上到下的決策模式轉換為基於民意的由下往上。

姚嘉文對當時的印象是：「那時李登輝的攻擊與防守，其動向彷彿在看劍道比賽。」的確，李登輝就是劍道高手。

不過，民主化的急轉展開，當然造成國民黨保守派及外省人的反感。

偏國民黨的報紙《聯合報》駐日特派員陳澤禎（一九四六―），對當時的狀況憤怒表示：「在蔣經國時代，謙虛到令人驚訝的李登輝，從一九九〇年擔任總統開始，態度就完全改變。」

陳澤禎的祖父是蔣介石的拜把大哥陳其美（一八七八―一九一六），屬於國民黨外省菁英的一份子。

在他們眼裡，感覺是被原來應為「蔣家忠臣」的李登輝背叛了。國民黨政權的統治好像已從底層被完全推翻，那種不安與憤怒，實在難以釋懷。

台灣人李登輝即便脫下代理總統的外衣成為正式總統，在政界仍然不得不繼續如履薄冰地前進。

瞞過保守派與共產黨的高招

總統身兼國民黨主席的李登輝，夾著強烈要求民主化的台灣民意，與黨內具強烈影響力的外省保守派之間，關係仍然非常微妙。

再加上不斷施加政治壓力，企圖「統一台灣」的中國共產黨，李登輝究竟要如何應對？

他的政策受到全世界矚目。

一九九〇年五月二十日，第二任總統就職演說，李登輝表示：「在客觀條件成熟時，準備與中國進行國家統一的協議。」同年九月，他更決定在總統府設置「國家統一委員會」。此舉遭到在野的民進黨強烈反彈，也讓社會輿論分裂對立。

對於當時是否真的考慮將來可能與中國統一這件事，李登輝在面對詢問時，有點不好意思地笑著。他透露：「實際上，國家統一委員會是要欺騙國民黨內部保守派及共產黨的謊言。」

李登輝口中所說的「謊言」，或許應說是「華麗的虛飾（rhetoric）」吧。該委員會的設置以及該委員會決議的「國家統一綱領」，事實上暗藏著相當巧妙的玄機。

此委員會的成員也加入郝柏村等保守派人士。郝柏村等人的前提是：將來要奪回中國大陸的領土，由國民黨政權完成「國家統一」，實現從蔣介石以來的悲願。由於頑固拘泥於虛構的「中華民國體制」，保守派當然贊成該委員會的設置。

最後的高招則是一九九一年二月二十三日議決的「國家統一綱領」。李登輝一面高喊「國家統一」的口號，一面則使用糖衣包裝，以「實踐民主政治及保障基本人權」等作為統一的條件。李登輝釋明道：「如果北京的共產黨政權能改變為民主主義，那麼台灣也可以與其進行國家統一的對話。我當時是這樣認為。」

這是在不訂定統一時程的情況下，又再加入共產黨絕對不可能實現的條件。

由於鮮明高舉「統一」的旗幟，國民黨內部的保守派及共產黨也就無法再批評李登輝是「台灣獨立派」，或者是「推動兩岸分離的現狀固定化」。這才是李登輝內心真正想要的結果。

實際上，中國共產黨的機關報人民日報也針對國統綱領發表說：「喜見台灣當局也訴求促進祖國統一的必要性。」擅長修辭虛飾及政治宣傳的中國共產黨，在這時也被李登輝的戰術所迷惑瞞騙了。

中國當時仍持續著一九八九年六月四日北京「天安門事件」以來的混亂。李登輝認為中國有重大政治變化的可能性，因此利用呼籲「國家統一」來動搖共產黨。

從大學時代就與李登輝關係密切的彭明敏認為：「李登輝當時可說是『雙重人格』。因為一方面要扮演主張『國家統一』的國民黨主席，一方面又要有追求台灣安寧的台灣人姿態，兩者要同時共存。……不過，那個委員會實際上等於是『國家"不統一"委員會』；這真的就是李登輝的做事方式，我非常佩服。」彭明敏微笑地評論，他完全看穿李登輝內心真正的想法。

除了該委員會，李登輝也在行政院中央部會新設統籌對中政策的「大陸委員會」。然而，由於無法公開直接進行政府間的交涉，因而在一九九一年三月又另外成立財團法人海峽交流基金會，作為民間形式對中交涉的窗口。

中國也在同年十二月成立海峽兩岸關係協會，兩岸開始實務性的交涉。

爲民主化之故，可用金錢解決

李登輝開始著手修訂憲法，是在一九九〇年六、七月間聽取台灣民意的「國是會議」上所確認，為終結「動員戡亂時期臨時條款」必須進行的工作。「動員戡亂時期臨時條款」是將台灣束縛在「內戰狀態」的法律依據。

李登輝表示：「如果不變更國共內戰時的既有規定，台灣的民主化根本無法向前一步。」

蔣介石國民黨政權在大陸時期的「國民大會」於一九四八年制定憲法。當時自認為是中國正統政權的國民黨，將處於內戰狀態的毛澤東中國共產黨視為「叛亂團體」，所以在一九四八年制定的憲法之上添加臨時條款。

正確的名稱是「動員戡亂時期臨時條款」。結果，國民黨在內戰失敗，於一九四九年逃來台灣，同時將附帶臨時條款的憲法直接套用於台灣。

這個以國共內戰為前提的規定，停止施行憲法，讓國民黨可以在台灣持續施行戒嚴令。而在中國大陸選出的代表，只有等奪回「叛亂組織」占據的選區後才能重新改選，他們藉由這個無理的關卡，等於在台取得終身職。

尤有甚者，國民黨因有這群在中國大陸選出的代表存在，剛好用來作為主張自身為「中國正統政權」的依據。這是蔣介石時代遺留的歷史殘渣，完全是虛構的海市蜃樓。

從一九四九年開始實施的戒嚴令，蔣經國在一九八七年七月十五日才予以解除，但是高齡化的代表卻仍在台灣霸占職位且坐領高薪。

這些擁有終身職的代表一天不辭職，「內戰狀態」就一天無法結束。李登輝提到：「到底要如何讓這數百名萬年代表退任，真的是絞盡腦汁。」

國民大會掌握有選舉總統、修訂憲法等權限，針對在一九四八年選出的第一屆代表，李登輝以提供全員全新住宅以及高額退職金來交換，終於在一九九一年底讓他們承諾退職。

李登輝笑著指出：「當時國民黨非常有錢，當然要把錢用在讓台灣能民主化這件事上。」在終戰後接收台灣的國民黨，將日本放棄的龐大資產收歸為黨產。很長一段期間，中國國民黨被稱為「全世界最有錢的政黨」。

李登輝回顧道：「當萬年代表承諾退職的同時，也就等同於取得廢止動員戡亂臨時條款的承諾。」

一九九一年四月二十二日，國民大會決議李登輝政權第一次修改憲法，決定廢止動員戡亂時期臨時條款，以及國民大會代表全面改選。到二〇〇〇年李登輝卸任總統職務為止，總共進行六次憲法修訂。

一九九一年四月三十日，李登輝在總統府宣示：從五月一日起，正式廢止動員戡亂時期臨時條款，並將原本的「叛亂團體」定位為中國的「大陸當局」。同年十二月二十一日，國民大會代表終於全面改選。

總統府直轄的國史館館長陳儀深（一九五四—）指出：「蔣經國解除戒嚴令確實是自由化，不過絕對不是民主化。（藉由憲法的修訂）李登輝才是首度將民主主義予以制度化。從政治學的觀點來看，自由化與民主化不同。」

解除「內亂罪」的黑名單

李登輝先於一九九〇年五月行使總統職權，執行對政治犯的特赦以及恢復公民權，接著針對規定「陰謀犯」引發內亂罪的刑法一〇〇條，要求立法院與相關單位開始推行修訂工作。

對於主張「台灣獨立」與聚眾集會活動的民主運動人士，該法條可將他們處刑入監。

流亡美日等海外各地的運動人士也被列入黑名單，不允許返台，只要返台立即逮捕。

在野的民進黨也強烈要求必須修訂刑法。

台灣獨立建國聯盟主席黃昭堂指出：「巴拉圭上議院議長於一九九二年二月訪問台灣時曾批評說：『只是主張台灣獨立，就被認定是違法，實在非常不民主』。此事可以認為是李登輝促使其發言，故意製造一個『外部壓力』。」

南美洲的巴拉圭政府長期貫徹反共政策，迄二〇二〇年底仍與台灣維持外交關係。

以這個批評為契機，社會輿論開始行動，包括國民黨立委也普遍支持修改刑法。同年五月十五日，立法院刪除「陰謀犯」的規定，釋放因內亂罪入獄服刑的二十人。不久後，海外獨立運動人士也都被宣判無罪。

台南市七股，流亡日本三十四年、於一九九二年解除黑名單後回到故鄉的台灣獨立建國聯盟前主席黃昭堂塑像。

黃昭堂也是在這時從黑名單中除名的其中一位。一九五八年十二月，在夫人陪伴下前往日本留學的黃昭堂，因為推動台獨運動，導致國民黨政權取消他的護照，開始漫長的流亡生涯。他與夫人重新踏上台灣這塊土地，已是一九九二年十一月二十五日，那是睽違二十四年的返鄉。

同樣流亡日本的，還有後來成為駐日代表的許世楷等人。美國則有與李登輝在台大時代就非常親近的好友彭明敏等人，他們在解除黑名單的限制後，陸續返台。這些都是支持台灣獨立的人士。

李登輝對此表示：「擔任總統後就一直思考，要如何讓台灣成為人們能每天晚上安詳睡覺的承平社會。」

一九四七年發生的二二八事件，或是一九四九年開始實施戒嚴令，國民黨政權用威權迫害人民的「白色恐怖」期間，台灣人從深夜到清晨，隨時可能在家中被乘坐吉普車突然衝入的特務機關憲兵逮捕拘提。不論真假，根本無從得知何時要變成陰謀叛亂犯。

實際上，李登輝在一九六九年六月那天清晨，也親身經歷過被憲兵帶走的恐懼記憶。這個特務機關警備總司令部，在一九九二年七月底被正式廢止。可以說，由於刑法修正以及廢除特務機關，「白色恐怖」終於真正畫下終止符。

另外，戰後成為統治階級的外省人，與被統治受迫害的台灣本省人之間，產生對立的「省籍矛盾」原點的二二八事件，到底應該如何面對處理？這也是李登輝的使命。

一九九三年三月，李登輝推動對受難者的賠償條例；一九九四年二月，李登輝吐露自己也曾是被害者之一的心聲。同時，在一九九五年二月二十八日，台北二二八事件和平紀念碑落成儀式上，李登輝做出如下發言：「在這裡，我以國家元首的立場，對過去政府的錯誤深深道歉。」

解除黑名單後返台，與李登輝關係相當密切的黃昭堂雖指出：「沒有將二二八事件的加害者加以特定，甚至併科判刑等罰則，是一大問題。」然而，「即令如此，本省人的李登輝首次以國家元首身分謝罪，這個意義非常重大。」

「立即終止核武開發」

時間回到蔣經國去世的一九八八年一月十三日。在同一天繼任總統的李登輝立即必須面對的是副總統時代完全無關的「總統專管事項」，其中之一就是「核武開發問題」。

在就任的第二天，李登輝從參謀總長郝柏村口中聽到有關核武開發專案「新竹計畫」的報告。李登輝雖然知道該計畫存在，但在副總統時代完全沒有任何決策權。如今成為總統，手中握有統帥權，也成為最高責任者。

台灣開發核武最早始於蔣介石時代，從一九六〇年代後半啟動，由國防部直屬的中山科學院執行。這是因為對岸中國從一九六四年首次進行核武試驗，同時也展開彈道飛彈的研發作業。

之後由於開發核武的情報被洩露給美國，使得「新竹計畫」於一九七〇年代被迫中止，但是一九七九年因美台斷交而有安全保障危機感的蔣經國，又命令心腹郝柏村秘密重啟開發。

那是發生在李登輝就任總統的五天後，也就是一九八八年一月十八日。美國在台協會（AIT）代表丁大衛（David Dean，一九二五—二〇一三）帶著雷根總統的親筆信函拜訪李登輝，信函中突然點出核武開發問題。

根據二〇一九年八月出版的《郝柏村回憶錄》描述，丁大衛明白向郝柏村說出雷根對李登輝的要求：「一週內在停止核武開發同意書上簽名。」

丁大衛出示衛星拍到台灣在南部九鵬基地進行小規模核武試驗的相片為證。美國擔心，台灣進行核武開發，勢必導致與中國的軍事緊張情勢升高。

李登輝說：「我立即在同意書上簽名，並且命令國防部終止核武計畫。」實際上該計畫也依照命令停止開發。

為何美國要在李登輝就職總統的時點提出核武開發問題呢？李登輝說道：「就在蔣經國去世前夕，美國間諜張憲義逃亡離台。」

張憲義（一九四三—）擔任中山科學研究院副院長，是負責核武開發計畫的研究人員。

一九八八年初，張憲義與家人逃往美國並取得政治庇護。因此，相關情報也就全部洩露給美國。

張憲義逃亡的時點與蔣經國死亡時間重疊的理由並不明確。

在蔣經國掌握絕對權力的時代，雷根政權只能採取單方面監視，然後為了確認新政權對權力的掌控度，選擇在就任後立即使用強烈手段施壓也說不定。果真如此，李登輝可以說剛好及格。

李登輝在接受採訪時表示：「台灣如果擁有核武，則不只中國，連美國或俄羅斯等都有可能成為敵人。與北韓一樣，小國台灣根本就不應該擁有核武，這對國家沒有任何好處。」

同時，李登輝更舉核武開發研究費用為例，最初的開發預算是一億兩千萬美元，李登輝指出：「能不能籌出預算都是問題，其背後還有以軍隊做靠山的不透明金錢流動。」

然而，當中國於一九九五年七月朝台灣近海發射彈道飛彈，以演習施加軍事威脅時，李登輝卻發言表示：「台灣具備核武開發能力，必須慎重檢討是否有必要進行開發。」藉此牽制中國。但他還是加上：「實際上絕對不會開發！」李登輝清楚認識到保有核武技術作為牽制力量的重要性。

直到最後都沒有說出西安事件眞相的張學良

由於「總統專管事項」的緣故，李登輝也監督起某位歷史人物。他就是發生於一九三六年十二月「西安事件」[2]的主角張學良（一九〇一—二〇〇一）。

李登輝提到對張學良的印象：「直到最後，他都沒有說出西安事件的真相。他是一個守口如瓶的男人。」

張學良在事件發生後，受到國民黨軍法會議的審判。雖然蔣介石最後特赦張學良，但卻將其幽禁在浙江省。甚至一九四九年敗走台灣時，還將張學良移轉至台灣。其後，還讓兒子蔣經國繼續軟禁他。在李登輝就任總統的一九八八年，他已被軟禁超過五十年。

據李登輝表示，軟禁張學良的地點在中國總共有六處，在台灣則有三處，軟禁期間不斷更換處所。李登輝進一步說明：「張學良原來是馬賊，留置在同一處非常容易逃走。」

2. 西安事件：在中國大陸，蔣介石國民黨與毛澤東共產黨「第一次國共內戰」期間，張學良等一行軍人原本受命掃蕩躲藏在陝西省北部的共產黨軍隊，但卻在一九三六年十二月挾持前來視察的蔣介石，並予以監禁的事件。張學良逼迫蔣介石停止與毛澤東的內戰，期雙方同心協力一致對抗日本的軍事壓力。結果，「第二次國共合作」成立，兩黨協力共同對抗日軍，同時也讓共產黨軍隊得以躲過被殲滅的危機。其後，張學良遭到國民黨拘捕，在中國大陸以及台灣長期被軟禁。

二〇一九年一月十九日拍攝，位於台北市北投，軟禁張學良的日本家屋成為觀光地，現場展示著張學良與蔣經國（右）的照片。

李登輝首度與張學良見面，是在擔任台灣省主席的一九八三年前後。那是位於新竹郊外，一間日本時期開發溫泉時建造的山間日式家屋。在這之後，蔣經國又把張學良遷到陽明山北投溫泉軟禁，住在一處有兩間民房的住宅。

經由宋美齡推薦，張學良接受基督教洗禮。李登輝表示：「禮拜天，濟南教會的牧師會來我家禮拜，張學良也經常前來參加。」

李登輝摸索著要如何才能幫有深交的張學良解除軟禁。

在就職第二任總統不久後的一九九〇年六月，李登輝讓張學良在圓山大飯店舉辦九十歲壽宴。張學良終於能在公開場合露面，這已是他被軟禁的五十四年後。

在實際上已恢復名譽後的壽宴，張學良表示：「我雖然是歷史的罪人，不過如果主耶穌基督要求，我願意如同年輕時一般，為國家貢獻心力。」

張學良在被批准能逐步具有行動自由時，經常被目擊前往永康街的上海餐廳「秀蘭」

與家人吃飯的情景。

李登輝口中所說的「西安事件真相」，指的是張學良抓放蔣介石的一連串經過，還有在軍事法庭上沒被判死刑的背景等等，其間許多細節一直非常模糊。不過，李登輝也透露：「曾經看過宋美齡下令不可殺害張學良的電報。」

有傳言說張學良與宋美齡兩人可能有男女之情，李登輝表示：「張學良身邊不乏許多女性環繞。」也有情報指出，國民黨在暗地裡提供數名年輕女性給張學良當情人。

一九九一年被允許前往美國後，張學良遷徙到夏威夷定居。

二〇〇一年一月，前往夏威夷拜訪張學良的國民黨黨史委員會主任陳鵬仁（一九三〇—）指出：「他到最後都遵守與李登輝之間的約定。」根據陳鵬仁的說法，共產黨為了統一台灣，想在政治上利用張學良和西安事件的歷史。不過，以不前往中國為條件而取得自由之身的張學良，一直拒絕共產黨勸誘。陳鵬仁回顧說：「張學良是一個真正的男人！」就在這一年的十月，張學良在夏威夷結束了一百歲的生涯。

擺脫「中華思想魔咒」的一九九六年總統直選

從一九八八年一月就任總統以來，李登輝在台灣一直是以如履薄冰的心情行使總統職權。經過「國民大會」選舉而於一九九〇年五月開始第二屆六年任期的總統職務之後，李登輝立即開始考慮：「下屆總統應該讓台灣選民直接投票選舉。」

因為「如果進行直接選舉，就不再是『國民黨的總統』，而是台灣人自己選出的『台灣總統』」。國民大會雖然定位為選舉總統、修改憲法的最高民意機關，但實際上有著相當濃厚追認國民黨決策的色彩。

李登輝身為政治家的特徵就是：想將民主化的手術刀切入過去獨裁政權的國民黨，就必須利用身兼國民黨黨主席的總統「權力」。

一九九四年四月，國民黨臨時中央委員會決定一九九六年總統選舉採取直接選舉的方針，隨後國民大會在一九九四年七月修訂憲法，完全依照李登輝所描繪的藍圖進行。總統任期也從六年縮短成與美國總統任期相同的四年。

一九九三年從駐日代表轉任國民黨秘書長的許水德回憶當時情景：「直接選舉確實是有讓國民黨成為在野黨的風險，因此黨內出現強烈的反對聲浪，我就以秘書長的立場，到處說明李登輝堅強的意志。」

另一方面，中國批評李登輝是「祖國分裂主義者」，同時為了阻止李登輝連任，從一九九五年起連續進行軍事演習，甚至朝台灣外海發射彈道飛彈，不斷嘗試威嚇台灣。

一九九六年三月二十三日總統直選的投開票結果，李登輝最後囊括超過五百八十萬張選票，以百分之五十四得票率獲得壓倒性勝利。在野民進黨推出的候選人彭明敏獲得約兩百三十萬張選票，接近百分之二十一得票率。台灣選民勇敢面對中國的武力威嚇，共有百分之七十五支持台灣出身的兩位候選人。

一九九六年的總統選舉是擺脫「中華思想的魔咒束縛」，解放台灣的歷史轉捩點。針對蔣介石與蔣經國在戰後對台灣的獨裁統治，李登輝表示：「那不過是在台灣延續著中國五千年歷史，從王朝到王朝的『帝王政治』罷了。」

中華的皇帝也是世界的中心，中華文化或中華思維是神聖的，中華民族與領土必須統一。李登輝認為：「只要是被這種中華思想的魔咒束縛綑綁的一天，台灣的發展就沒有希望。」

李登輝在一九九六年五月二十日的就職演說特別強調：「台灣可以做得到的事，中國大陸也可以做得到。」只是中國直到今天都還在魔咒束縛當中。掌握最高權力的共產黨總書記，是黨內權力鬥爭獲勝的人物，同時身兼國家元首與國家主席，完全可以無視民意存在。

台灣在二〇二〇年一月十一日再次舉行總統選舉。從一九九六年開始，這已經是第七次的總統選舉。民主政治確實在持續進化中。

第7章

寧靜的民主革命

一九九九年七月九日，李登輝接受德國電台訪問，提出「特殊國與國關係」。（李登輝基金會提供）

台灣和中國是「特殊國與國關係」

一九九九年七月九日，李登輝接受德國之聲專訪時，針對台灣與中國的關係表示：「兩岸是特殊國與國的關係。」

這時的李登輝還是現任總統，之前對兩岸關係都是以「兩個互不隸屬的政治實體」這種抽象模糊的方式表現，這次則是直接改口用「國家」的用語。

李登輝這個後來被稱為「兩國論」的發言，在國際社會造成極大波瀾。

視台灣為自己領土一部分的中國，由外交部發言人以嚴厲口吻批評：「台灣當局在分裂國家上踏出危險的一步，也是對國際社會普遍接受『一個中國』的嚴重挑戰。」並以軍事演習來威嚇李登輝和台灣。

為確認李登輝發言的真正意圖，產經新聞取得的台灣當局機密電報，也證實美國採取一連串反應。電報內容清楚顯示，李登輝發言內容的相關資訊，台灣方面並未事先告知美國。

一九九九年七月十日，台灣駐美代表處傳給台北外交部的官方電報，用箋上清晰地蓋著「極機密」的印章。

根據電報內容，美國在台協會（ＡＩＴ）主席卜睿哲（Richard BUSH，一九四七—）七月十日上午致電台灣駐美代表處。

卜睿哲詳細詢問李登輝的發言內容，也問到是否有英文譯本。但是由於台灣當局對李登輝發言缺乏完整資訊，僅能為難地說明：「兩岸的關係非常類似統一前的兩德關係；是『一個民族，兩個國家』，在政策上並沒有任何變化。」之後，持續有數通駐美代表處與ＡＩＴ往來的相關機密電報，但看不出美國政府有接受台灣說明的跡象。

每份電報上都可以看到李登輝以毛筆寫著：「閱　登輝」，表示李登輝閱覽過，但並未批註對電報內容的反應。

美國當時是採取對中宥和政策的柯林頓政權，極擔心李登輝突然說出的「兩國論」可能成為中國對台灣行使武力的藉口。

針對當時的狀況，前早稻田大學教授若林正丈在著書《台灣的政治》（東京大學出版會）評論：「這是首次台灣領導人讓北京與華盛頓雙方都感到不快的發言。」

即使在台灣內部，除當局者之外，「兩國論」鮮為人知。為何李登輝會突然公開宣示「兩國論」呢？

李登輝表情嚴肅地提到：「這是遲早的事，我只是一直在尋找表達的機會。」

當時輔佐李登輝的國策顧問，同時也是長期在檯面下與中國交涉的密使曾永賢說明李登輝發言的背景。

「實際上，李登輝一直在默默準備，原定要在那年十月十日發表『兩國論』。但事先獲得極機密情報，中國將在那之前的建國紀念日（十月一日），宣示要以『一國兩制』[1]開始和台灣進行統一交涉，因此我們建議李登輝必須提前發布，先發制人。」

自中華人民共和國成立，到一九九九年剛好滿五十週年。以一九九七年七月香港回歸中國後實施的「一國兩制」為樣板，中國這時再將焦點指向台灣，企圖加速國家統一工作。但是李登輝與曾永賢兩人都非常清楚「一國兩制」是包裹糖衣的毒藥，因此事先進行預防性攻擊。這就是劍道上的「制敵機先」戰術。

在一九九九年七月發表「兩國論」的時間點，李登輝七十六歲。他表示：「在卸任總統之前，希望能讓台灣以國家身分得到定位，同時在國際法上也能被明確定義。」當時他已經決定不再參選二〇〇〇年的總統選舉，同時表達要給後進機會的意向，因此他的總統任期只剩不足一年。

自由時報政治記者鄒景雯在所著《李登輝執政告白實錄》一書中描述，李登輝即將卸任，因此考慮要「讓台灣國家定位清楚明確」，而此時協助處理這事的國際法學者正是蔡英文，也就是今日民進黨政權的總統。

以蔡英文為中心的研究小組，在一九九九年五月提出結論為「兩岸關係至少是『特殊國與國關係』」的報告。

國民黨政權在一九四七年施行的《中華民國憲法》，規定適用範圍包括中國大陸在內的整個廣大區域。但在一九九一年後，李登輝政權藉由修改憲法，將統治範圍限定在台灣地區，再以一九九六年舉行總統直選為依據，蔡英文將其定義為「特殊國與國關係」。

另有傳聞指出，與曾永賢非常親近的總統府幕僚張榮豐也深入參與，引領蔡英文等政治學者做出「兩國論」的結論。

---

1. 一國兩制：在國家主權下，除了社會主義制度，同時允許特別限定地區維持民主主義制度的架構。一九九七年從英國回歸的香港，一九九九年從葡萄牙回歸的澳門，都被設定是「特別行政區」，除了外交與國防之外，保障給予五十年的「高度自治」。習近平亟欲統一台灣，也是以相同方式逼迫台灣接受此一制度。

至於選擇在德國之音發布「兩國論」的理由，李登輝說明：「我是想清楚表達：中國與台灣並非像東西德那樣的分裂國家，完全沒有統一必要。」這事在台灣當局者之間確實還存有不同的認知。

李登輝原本即有「台灣主權不及於中國，中國主權也不及於台灣」的判斷。然而，歷史上在台灣的「中華民國」是一九一二年一月成立於南京的政權，由於有此淵源，特別使用「特殊」這個字眼來表現。

東京大學東洋文化研究所教授松田康博（一九六五—）解釋指出：「特殊」這個單字是取自國際法學上慣用的拉丁語「sui generis」，他認為「李登輝總統藉由『兩國論』這個發言，讓國民黨得以民進黨化」。

戰後在台灣實施一黨統治的國民黨政權，在未發射一顆子彈的情形下，從內部大刀闊斧地改革，同時也改善與國際社會的關係，因此李登輝在總統時代的改革，可稱為「寧靜革命」。同時，他在最後階段提出「兩國論」，意圖讓國民黨脫離舊有框架，重生為完全不同的以台灣為主體的政黨。

李登輝在接受採訪時明白表示，這個「特殊國與國關係」的國際法思維，是受日本外務省某高官的指點，再經過與蔡英文等人討論後得到的結論。

二〇一九年春天在東京，李登輝所提及的這位日本高官被詢及是否有對李登輝說過「特殊」的這個想法時，他不肯定但也不否定，只說：「絕對不可以透露我的名字。」日本官僚有義務遵守一九七二年的日中共同聲明，筆者了解日本的官方立場，因此接受該官員要求，不寫出真實姓名。

然而，什麼人向李登輝建議並非重點，李登輝對日本外交官員的知識與智慧持有非常崇高的敬意，在決定性時刻採用他們的想法，這個事實確實應該要寫入歷史。

另一方面，由於一九九九年九月二十一日凌晨，台灣中部發生死傷超過一萬人的大地震，使得「兩國論」引發的兩岸激烈辯論，以及軍事緊張情勢的升高，都被完全掩蓋。因為九二一大地震的受害者人數眾多，致使中國也不敢在同年十月輕易提出要以「一國兩制」進行統一的主張，只得默默收起攻擊的矛頭。

二〇二〇年一月十一日，蔡英文在總統大選獲勝連任，而她就是從一九九八年以來與李登輝擁有共同國家認同的人。

與李光耀的蜜月和訣別

回到李登輝就任總統第二年的一九八九年，他率領負責外交與經濟的主要閣員，於三月六日首次訪問外國，目的地是新加坡。這次訪問是由當時的總理李光耀邀請。

新加坡當地電視與報紙稱李登輝為「台灣來的總統」。一九六五年八月脫離馬來西亞獨立的新加坡，有超過百分之七十的人口是華人，當時與兩岸都沒有正式外交關係。在李登輝訪問期間，也未使用台灣自稱的「中華民國」這個名義。這也凸顯國際社會對台灣與李登輝的曖昧立場。

當時李登輝對這個稱呼只回應：「雖不滿意，但可以接受。」畢竟從國民黨流亡台灣後，能以總統身分出國訪問者，李登輝是第一人。李登輝在面對採訪時說：「台灣在現實上能以『務實外交』擴展國際關係的第一步就是新加坡，至於有沒有外交關係，根本無所謂。」

這是為了要取得與相關閣員共同訪問外國的實際成果，不得不放棄名稱的堅持。

實際上，台灣與新加坡之間在檯面下有著密切而深入的關係。在《李光耀回憶錄》一書中，特別提到李光耀與李登輝前任的蔣經國總統之間，「藉由反共主義的共同利害關係緊密連結。」

由於國土狹小，新加坡一直依賴以色列訓練軍隊，但從一九七五年開始，新加坡的陸軍與空軍改在台灣的幾個基地訓練。

前國防大學副教授邱伯浩（一九六七－）說明：「在台灣訓練新加坡軍隊的任務稱為『星光計畫』，每年新加坡都派遣約一百名官兵到台灣接受訓練。」李登輝也曾視察過相

一九九四年九月二十一日，李登輝（中央）於鴻禧山莊招待私下訪台的新加坡前總理李光耀。（李登輝基金會提供）

關的訓練活動。

據邱伯浩指出，台灣有三處與新加坡共用的基地：那就是新竹的戰車基地、台南與高雄的陸軍步兵基地，「星光計畫」的總指揮部則設在新竹。

過去在蔣經國政權時代，新加坡有不少上校級的高階軍官取得獎學金來台灣大學留學。同時，這並不是單方向行動，台灣軍機也曾降落新加坡空軍基地，雙方有軍事交流。

從蔣經國身上學到政治帝王學的李登輝，與同年紀經常訪台的李光耀有相同的中文姓氏—李，兩人透過蔣經國而結識，有著深厚情誼。同時，兩人還有一個共通點，就是擁有在漢民族中被稱為客家的祖先。

一九九三那年，李光耀還安排了台灣與中國初次的「辜汪會談」等，李登輝與李光耀兩人的關係正處於蜜月時期。

然而，一九九四年九月李光耀再訪台時，與李登輝之間的關係卻發生了嚴重裂痕。依據鄒景雯所著《李登輝執政告白實錄》一書所提，在談論兩岸經濟關係的話題時，李光耀勸誘李登輝說：「台灣是中國的一部分，無論經過幾十年，將來是一定要統一的。」

李登輝針對這事僅回答：「目前最重要的是民主化，至於台灣的前途，則應該由台灣人自己決定。」雙方的會談在沒有交集的平行線上結束。

根據同書描述，這是李光耀在李登輝任內最後一次訪台。一九九〇年十月，新加坡與中國建立正式外交關係後，新加坡進入經濟上對中依存度急速上升的時期。但另一方面，李登輝在當時雖然表面上高舉「國家統一」的旗幟，實際上卻在摸索著與中國全然不同的台灣路線。

李光耀在回憶錄中提到：「如果有天台灣被中國以武力統一的話，歷史對李登輝的評價不會是好的。」等於批評李登輝的想法是站在歷史錯誤的一邊。

當李登輝被詢及對李光耀的看法時，李登輝並未指名道姓，僅淡淡回答：「基於封建中華思想的民族主義，是無法與普世價值的民主主義相容的。台灣如果陷入民族主義的思維，根本就沒有任何發展的希望。」由於對中國的認同意識截然不同，兩人最後只能分道揚鑣。

在一九九九年六月出版的《台灣的主張》一書中，李登輝針對李光耀有如下闡述：「我和李光耀先生是朋友，對他身為政治家的能力也給予非常高的評價。不過我對於『這句話』卻有著複雜的心情。但如果比較台灣和新加坡的政治，確實是有深入的本質性觀察。」

所謂「這句話」，指的是美國國際政治學者杭亭頓（Samuel Phillips Huntington，一九二七—二〇〇八）對台灣與新加坡的比較分析。亦即，「台灣的民主主義在李登輝死後應該還會繼續存在，但是李光耀的政治體制，當他死時，應該會一起被埋葬掉吧？」

李光耀在二〇一五年三月以九十一歲高齡去世，其長子李顯龍（一九五二—）從二〇〇四年開始出任總理，迄今仍然持續著李氏王朝的政治體制。至於杭亭頓的觀察是否能藉由歷史來證明，可能還需要一段時間，目前尚未到結論的時機。

「星光計畫」直到如今都還在繼續，看不出有要結束的徵兆。這是一種政治判斷，可作為牽制中國的手段，因為台灣與新加坡雙方的利害關係應該還是一致。據邱伯浩推測，「星光計畫」這個名稱中的「星」是指新加坡，而「光」則是李光耀名字中取一個字組合而成的吧？

推動東南亞務實外交的「南向政策」

一九七一年十月，台灣被逐出聯合國，在國際社會日益孤立。李登輝在一九八八年一月就任總統之後，就努力思考要如何打開對外關係的困境。以一九八九年三月實現訪問新加坡為契機，李登輝開始將焦點鎖定在東南亞。

李登輝表示：「當時台灣經濟力和技術能力都大幅超越中國，但是考慮到石油等資源的輸入以及商品的外銷市場，我認為應該重視東南亞地區。即使沒有外交關係，還是可以進行交流。『實務外交』不是也很好嗎？」

實際上，到一九九一年為止，台灣每年出口總額遠超過大國的中國。台灣是繼日本之後，與香港、新加坡等成為牽引亞洲經濟的「四小龍」之一，在國際社會上頗受矚目。

一九九四年二月，李登輝利用八天的春節假期，非正式地訪問東南亞三個國家。雖然這幾國都與中國建交，和台灣沒有正式外交關係，但李登輝還是見到菲律賓總統羅慕斯（Fidel Valdez Ramos，一九二八—）、印尼總統蘇哈托（Suharto，一九二一—二〇〇八），並進行會談，在泰國甚至還謁見國王蒲美蓬（Phumiphon Adunyadet，一九二七—二〇一六）。

此次會談內容包括投資、擴大貿易以及引進勞工等等，台灣原本擁有的經濟優勢成為重要的突破口。李登輝稱這個是「南向政策」。針對政策的背景，李登輝說明道：「當時沒有對任何人提起過，戰前日本東南亞戰略的『南進政策』是以台灣為起點，這給我很好的提示。」換言之，「南向政策」是著眼於台灣在地緣政治的優勢。

同時，如何降低台灣經濟對中國的依賴度是重要課題。李登輝進一步說：「對於開始到中國設立工廠或進行投資的台灣經營者，有必要將他們的目光轉向東南亞。」

當時交涉的案件之一就是：在美軍一九九一年撤出菲律賓後所殘留的軍事基地進行再開發計畫。計畫地點就位於台灣南方的呂宋島，由於美軍撤出，整個基地變成空白地帶。

李登輝訪問面對南海的蘇比克灣，並與羅慕斯總統進行會談。雙方同意在這個美軍遺留的海軍基地建設一個專供台灣企業的工業區，吸引製造業等的大型投資計畫。除了美軍原有的港灣、發電廠等硬體設施，再加上原本在基地工作的熟練工人所能提供的優秀勞動力，因此這個再開發計畫非常值得期待。

不過，國史館在二〇〇八年出版的《李登輝總統訪談錄（四）》中記載：李登輝說這個計畫「沒有順利完成」。

李登輝分析失敗的原因：「我們的外交部有問題，外交部絕大多數官員都有大中華意識，他們都想讓台灣企業的投資轉向中國。」同時他也批評行政部門的某些官員。

雖然總統李登輝指示與東南亞發展經濟關係，但實際負責作業的台灣行政機關長年都是由國民黨保守派人士所掌握，因此經常對台灣自主路線的政策扯後腿。

和蘇比克灣海軍基地相同，克拉克空軍基地同樣也位於呂宋島面向南海，曾經扮演和越南金蘭灣（Vịnh Cam Ranh）的舊蘇聯軍事基地相對峙的角色。但由於冷戰結束，再加上一九九一年皮納土波火山（Mount Pinatubo）爆發的影響，美國方面最後不得不撤出。

這時正是中國覬覦這片軍事真空地帶，開始前進南海伸出魔爪的時期。因此，對於台灣想要重新開發蘇比克灣基地的這個計畫，也有傳聞中國參與相關的阻撓工作。著眼於美軍撤出後的軍事基地遺址，李登輝身為政治家的這種直覺以及行動力，只能用卓越一詞來評價。

的確相當遺憾，李登輝的「南向政策」最後並沒能獲得成果。不過，這個政策在二〇一六年五月重新浮上檯面。第二次政黨輪替取得政權的民進黨蔡英文總統在就職典禮提出「新南向政策」。這次除了貿易、投資之外，更加上強化文化、教育、醫療等廣泛關係的政策，目前正在默默進行中。

限制對中投資的「戒急用忍」

李登輝高舉指揮大旗，鼓勵台灣企業前往東南亞擴大投資的「南向政策」，最後的結果並不順利；相對於此，同一時期台灣民間資金與技術湧向海峽西側的中國，形成一股「西進大陸」的熱潮。對台灣製造業而言，擁有數億勞動人口，語言相通，而且距離也相對較近的中國，確實相當有魅力。

根據台灣政府統計，從台灣到中國開設工廠等的投資，在一九九一年僅約一億七千四百萬美元，到一九九五年已增至六倍以上的十億九千三百萬美元。

一九九六年六月已擔任經濟部長約三年的江丙坤表示：「在一九九〇年代前半，台灣不僅工商界，包括經濟部都對投資中國相當積極。」理由是：「如果對中投資成功，能使台灣經濟成長，同時也能在與中國的政治談判上取得更有利的空間。」

這個以中國廣大土地加上數億廉價勞工為「靠山」，使台灣成為「亞太營運中心」的構想，燃起江丙坤等人的夢想。

二〇一八年九月三日，於一九九六年八月報導李登輝發表「對中投資戒急用忍」新聞前接受訪問的黃天麟。

不過，在經濟界也有一部分人持完全相反的意見。

李登輝一九九六年三月連任後，時任第一銀行董事長的黃天麟（一九二九－二〇二一）向李登輝提出報告：「如果持續增加對中投資，台灣經濟勢必下滑。因此，無論質量上都應該有所節制。」

中國由於一九八九年六月的天安門事件，使得海外資金與技術裹足不前，為尋回這些海外資源的重新投資，中國以減免公司法人稅等等，以超高規格的優惠措施吸引台灣企業。黃天麟提出警訊說：「半導體或是ＩＴ等重要產業的核心基礎技術將會被中國掠奪一空。」

其後，黃天麟在一九九六年八月十五日看到媒體的報導，感覺到他的報告有被李登輝接受。李登輝在八月十四日的重要會議中指出：「對於中國投資的過度熱衷，將間接造成台灣的國際競爭力倒退。」

九月十四日，李登輝更對企業經營者強調「戒急用忍」，表示擔憂對中投資急速擴大的問題。此後，台灣對中投資的審查更加嚴格，限制單筆投資金額最高五千萬美元。然而，李登輝訴求的「戒急用忍」，並非單純只是禁止台灣的對中投資，其後又加上「行穩致遠」的政策。

在意見分歧下，針對抑制對中投資的政策，李登輝說：「事實上，我很不想同意王永慶的對中投資計畫」，因為「技術外流勢必造成台灣的空洞化」。

李登輝提防的王永慶（一九一七—二〇〇八），是台塑集團的創立者，台塑是從合成纖維到石油化學，範圍非常廣泛的龐大製造業集團。他在對中投資上採取非常積極的態度，計畫到中國福建省建設發電廠，向台灣政府提出四億兩千萬美元的投資案申請。

不知是否因了解到李登輝在影射自己，或者是政府的行政指導發揮功效，王永慶最後在一九九六年八月十四日自行撤銷投資申請案。

李登輝非常擔心對中大規模公共建設或巨額工廠建設等投資，將會從根本上動搖台灣的產業結構。但對於服飾業、鞋類、雜貨等輕工業，則不限制他們到中國投資。

對於在一九九六年八月下旬，約七十名台灣企業高層接受中國共產黨的招待，前往視察中國市場一事，李登輝也感到非常擔憂。李登輝回顧道：「當時想要告訴台灣的經營者，與其心急地投資中國，倒不如在台灣本地投資。」

對於李登輝在此時期的一連串發言，東京大學東洋文化研究所助教黃偉修（一九七七—）分析道：「這不但是對台灣經濟界的警告，也是向中國傳達強烈的訊息。這是首度針對兩岸經濟關係踩剎車的瞬間，同時也是一個時代的轉捩點。」但這個發言並不是台灣政府的政策，而是李登輝個人從上而下（top down）的對中方針。

從對菲律賓蘇比克灣的再開發案失敗之後，李登輝了解到他與行政當局在對中意識上確實存有鴻溝，因此摸索著要如何行使從上而下的政策推動方式。其中，「經濟安全保障」的含義確實非常強烈。

在黃偉修所著《李登輝政權的大陸政策決定過程》（大學教育出版）一書中，對於李登輝與行政當局之間的「相剋」有非常詳盡的說明。不僅前述第一商業銀行黃天麟董事長的建議，另外還有李登輝大陸政策幕僚小組中心人物張榮豐的名字也隱然浮現。

張榮豐曾以總統府幕僚身分，在一九九二年陪同曾永賢以李登輝密使身分訪問北京，與當時的中國國家主席楊尚昆在極秘密情況下會談。張榮豐同時也是台灣的中華經濟研究所研究中國經濟的專家。

張榮豐對李登輝提議，即使對中投資有利可圖，但絕對不能無視中國在政治上的不透明性，以及台灣主權問題可能引發的風險。李登輝對張榮豐的信賴，在他十二年政權期間一貫不變。

根據黃偉修的調查，張榮豐等幕僚小組提出的意見，和第一商業銀行黃天麟的建議報告，幾乎是在同一時期呈給李登輝，但雙方實際上並沒有任何橫向聯繫。

除了傾向擴大對中關係的政府見解之外，李登輝另外也要求總統府外部的經濟專家等數個團體，各自針對政治面、經濟面或是人員交流等項目，私下提供對中政策的相關意見，最後再將這些建言整合成自己的重大轉換政策「戒急用忍」的基礎。這個時期，李登輝政權為形成由上而下的決策所進行的資訊收集與分析，證明發揮極大的功效。

由於李登輝的緊急剎車，對中投資熱潮算是暫時冷卻。不過，經由新加坡等第三國或是透過香港、澳門的對中投資，在監督上卻相當困難，因此台灣的企業也開始尋求如何避過審核監督的偏門。「上有政策，下有對策」，顯現台灣人堅毅的強項，但換個角度來看，也有令人困擾的地方。那些在中國有管道的人士或國民黨系統的企業等，他們內心深處一直無法忘情對中投資這件事。

當時的第一商業銀行董事長黃天麟認為：「那個時候，李登輝的英明睿智，確實成為守住台灣經濟（半導體等業界）的最後一道防線。」如果當時沒有明確在技術外流方面畫下清楚界線，「台灣的經濟早就被中國全盤搶走。」

江丙坤在二〇一八年五月接受採訪時透露：「某次在演講時提到中國大陸的經濟，我說將來中國國內總生產毛額（GDP）的規模，可能將會超越德國或日本而與美國並駕齊驅。結果李登輝聽到這件事後非常生氣。」江丙坤此時的表情非常柔和，似乎有些懷念那時的情景。那場演講的時間應該是在一九九〇年代中期。

江丙坤身為經濟官僚，受到李登輝的信賴，曾參與台灣加入關稅暨貿易總協定（GATT，現在改成世界貿易組織WTO）的交涉過程，因行政手腕被肯定而受提拔為閣員，但兩人在對中政策上的想法卻南轅北轍。江丙坤及經濟官員在對中政策上抱持強烈「期待感」，讓李登輝感到相當大的危機。

今日回顧江丙坤等人所描繪的「亞太營運中心」，其實是將中國大陸視為實質上的經濟殖民地，以這種角度所形成的構想，讓當時處於「相對優勢」的台灣，給人有如殖民宗主國一般的印象。

李登輝認為，或許當時確實已經可以想見中國經濟未來的成長，但實際上台灣真的可以持續控制中國經濟嗎？更何況兩岸牽扯到主權問題，在安全保障上也看不到絲毫樂觀的跡象。

李登輝對於江丙坤「GDP發言」的告誡，明白地說，就是認為「中國絕對不是那個乖順會好好聽從台灣的國家。即使經濟上有所發展，也不應該太天真地輕視對手。」也就是說，李登輝擔憂：中國絕對不是一個能夠理性溝通的對象，台灣終有一天會被反噬而遭殃受害。實際上，中台經濟的權力平衡在這之後立即逆轉，李登輝的預感終究成為事實。

江丙坤雖在對中政策上與李登輝有所歧異，但從日本財經界看來，日語相當流利的江丙坤是與李登輝同為代表台灣的難得人物。江丙坤在戰後長年擴大深化日台經濟交流，歷任國民黨副主席和對中聯絡窗口機關的海基會董事長，二〇一四年就任東京星辰銀行的董事長。二〇一五年春天，江丙坤獲得日本政府頒授旭日重光勳章。

另一位與江丙坤一樣在第一線揮汗工作的同事：台日經濟貿易發展基金會的前理事李上甲（一九二七—二〇一四），也是令人難以忘懷的人物。李上甲在二〇〇五年獲頒旭日小綬章。兩人都熟知日本及日本人好與壞的一面，總是滿面笑容，是滿懷人情味的國際人。

「以國際機構爲突破口」加盟WTO

除了以「務實外交」擴大和東南亞各國的經濟關係之外，總統李登輝也將力量放在台灣與國際組織的關係上。李登輝認為：「雖不是聯合國會員國，但台灣也可以用國際機構作為突破口。」李登輝首先著手的，是台灣已成為會員的國際金融機關：亞洲開發銀行（ADB，總部在馬尼拉）。

在李登輝就任總統的次年，ADB於一九八九年五月在北京召開年會，他派財政部長郭婉容等人組成台灣代表團，經由東京前往北京與會。

自一九四九年逃亡台灣後，國民黨政權派遣包含閣員在內的代表團到中國大陸，這是歷史上的頭一次。不要忘記，這個時候國民黨與共產黨仍然在「國共內戰」狀態，而且是冷戰還在持續的時期。

當時剛好是一九八九年六月天安門事件的前夕，北京學生要求民主化的抗爭正持續擴大。相對於在國際會議場合壓制學生抗議活動的中國，和已經開始民主化的台灣形成最大的對比，結果兩者其後終究走向不同的道路。

台灣是以「中華民國」的名義，在一九六六年ADB成立時就成為會員國。另一方面，在一九八六年才加入的中國，主張台灣是中國的一部分，因此一直施壓要求若不使用「中國台灣」的名稱，台灣就不可以參加ＡＤＢ。

李登輝回憶當時說：「我指示郭婉容沒有必要在北京讓名稱問題造成麻煩。只要強調台灣的主張與訴求就可以。」郭婉容最後以「中華台北」的名稱，在會議中振振有詞地為台灣發聲，並與其他會員國互動交流。李登輝認為，比起無意義的稱謂之爭，實質的成果更為重要。

對於郭婉容在北京的言行舉止，當時美國媒體評論她是「帶來橄欖枝的女性」。在中台關係惡化的擔憂之中，她高貴婉約，在與中國應對上姿態柔軟，從郭婉容身上彷彿看到如聯合國徽章上象徵和平的橄欖枝形象。郭婉容一九八四年在神戶大學取得經濟學博士學位，是台灣戰後首位成為閣僚的才媛。她在李登輝就任總統後立即被提拔為閣員。

另一方面，針對美日主導的亞洲開發銀行（ＡＤＢ），中國在二〇一六年另外成立亞洲基礎設施投資銀行（Asian Infrastructure Investment Bank，ＡＩＩＢ），也就是簡稱亞投行的國際金融機構，目前仍然將台灣排除在外。

在北京ＡＤＢ年會之後，李登輝緊接著出手的目標是世界貿易組織（ＷＴＯ）的前身：關稅暨貿易總協定（ＧＡＴＴ），以及新申請加入的亞太經濟合作會議（Asia-Pacific Economic Cooperation，ＡＰＥＣ）。

李登輝表示：「不以國家身分，而是以獨立關稅地區申請加入。」他要求經濟部著手準備，藉由在貿易、貨幣等方面可以行使獨自管轄的地區：「台灣、澎湖、金門、馬祖」的名稱，在一九九〇年申請加入GATT。

身為經濟官員，負責相關申請手續，後來成為經濟部長甚至立法院副院長的江丙坤，對這個申請案評論說：「李總統的政治敏感度，我完全甘拜下風。」李登輝的策略讓中國根本沒有見縫插針的餘地。

江丙坤表示，具有經濟實力的台灣，其實在一九九〇年代已經具備加入關貿總協定的條件，但是由於中國的壓力，一直要等到中國二〇〇一年十二月正式加入之後，台灣才得以加入。

另一方面，APEC則是在一九九一年十一月順利地被承認可以加入。當年在韓國召開的APEC會議中，台灣使用「中華台北」的名稱，與同時加入的中國避免政治上的衝突。

然而，台灣要以觀察員參與世界衛生組織（WHO）年度大會一事，雖有英美日德等國的支持，但還是持續遭逢困難。因為中國一貫採取完全拒絕的態度。

「江澤民發射飛彈」

一九九五年七月，台灣海峽進入極為緊張的態勢。中國對台灣北部的東海方向，以訓練為藉口，發射六枚彈道飛彈。這也是中國首度對台灣近海發射彈道飛彈，此乃肇因於對台灣總統李登輝以私人身分前往康乃爾大學演說的反彈動作。

一九九六年，中國由於要牽制台美關係急速接近，再加上要阻止敵視為「台灣獨立份子」的李登輝再次參加總統選舉爭取連任，因此中國又採取對台灣社會進行威嚇的行動。

李登輝在接受採訪時非常生氣地表示：「關於訪問美國，事前已經透過地下管道告知中國，但江澤民卻還是發射飛彈。」在此之前，李登輝一直嘗試要與中國國家主席江澤民進行高層會談。「結果飛彈成為中國的回答。」李登輝覺得相當遺憾。

美國的態度也變得強硬，於是在一九九五年十二月派遣航空母艦尼米茲號通過台灣海峽。

到接近總統選舉的一九九六年三月，中國再度向台灣南方海域發射飛彈。針對這件事，美軍除尼米茲號之外，再派遣獨立號來到台灣近海，用兩艘航空母艦強化與中國對抗的態勢。這完全異於常態，有一觸即發的危機。

針對中國的軍事演習，鄒景雯在所著《李登輝執政告白實錄》評論說：「中國完全得到反效果。」三月二十三日總統選舉的開票結果，不屈服於中國恫嚇的李登輝獲得百分之五十四選票，取得壓倒性的勝利。難怪該書也調侃：是中國在支持李登輝。

同時，李登輝表示：「由於台灣海峽危機，使得台美軍事情報管道更形擴大。」台灣是依賴美國國內法的《台灣關係法》保障，但情報交換這方面則一直都在摸索之中。根據該書的描述，直屬李登輝管轄的國家安全會議（ＮＳＣ）幹部，接受美國邀請前往訪問，三月十一日在紐約與白宮及國務院高層進行前所未有的會談。換句話說，沒有外交關係的台美之間，雖然是非公開的方式，卻在最高層級的外交軍事情報上取得共同分享的管道。

美國也透過其他管道，在首府華盛頓將詳細情報資訊傳遞給台灣。

依據產經新聞所取得台灣駐美代表處一九九六年三月七日發給外交部的機密電報中，特別註明中國對台灣外海所發射的飛彈種類、時間、落水地點等，這是美國國務院所提供的詳細資訊。

另外，國務院也針對同月舉行的總統大選做成選前分析傳達給台灣，認為李登輝得票率將高於百分之五十，連任可能性相當高。由於中國的威脅行動，反而使得台美關係更形增強，同時還建立情報交換管道，說來真是非常諷刺。

因為美國展現壓倒性的軍事力量，中國在三月十五日結束飛彈演習。中國「面對美國航空母艦束手無策，完全沒有任何反擊能力，因而感到極度屈辱，這也成為決心擁有航空母艦的契機。」這是東京大學東洋文化研究所松田康博教授的看法。

此後經過二十三年，二〇一九年十一月十七日，中國海軍首艘純國產自製的航空母艦經台灣海峽航向南海。這艘命名為「山東號」的航空母艦以海南島的三亞為母港，在同年十二月十七日正式服役。

二〇二〇年一月十一日台灣總統大選前夕，被中國視為與李登輝同為「台灣獨立份子」的蔡英文競選連任，中國也利用軍事行動進行牽制與阻撓。但最後與二十四年前的結果相同，蔡英文以百分之五十七．一的高得票率成功連任。

或許這是中國對國內或人民解放軍內部必須展示的軍力表演，但中國在對台政策上似乎一直都沒有學到任何歷史教訓。

用機密費進行美日政治工作

在李登輝卸任總統近兩年後的二〇〇二年三月，台灣的《壹週刊》刊出李登輝政權時代使用機密費的相關獨家報導，在台灣社會造成極大衝擊。

作為情報單位的國家安全局在一九九四年受李登輝指示，支用機密費新台幣三十五億，組織以美日等國相關有力人士為成員的秘密任務編組。目的是為台灣的安全保障，要對美日進行相關政治工作。

根據報導指出，一九九六年三月總統大選前夕，中國為了阻止李登輝連任，一再發射飛彈進行演習威嚇台灣社會時，這個秘密管道發揮了功能，讓美國緊急派遣兩艘航空母艦前來。

國家安全局以洩露機密為由，搜索該雜誌社，一時之間引起極大的騷動，但詳細情形從未被公布，至今仍是一大謎團。

這個秘密任務編組被稱為「明德專案」。在接受採訪時，李登輝並沒有針對報導做任何評論，只是淡淡地回答說：「明德專案讓台灣與美日等國建立了非常密切的關係。」

根據李登輝片段的說法，可以了解到明德專案的成員，包括美國政界的有力人士，日本方面則有曾擔任參眾兩院議員的椎名素夫（一九三〇—二〇〇七）等政經界人士，此外還包含外務省現役官員在內。據說「大約數個月一次，在台美日的某一方舉行會議」。

李登輝與一九九四年十二月訪台的美國前總統老布希（右）共享高爾夫之樂。

在明德專案開始的一九九四年，美國前總統老布希（George Herbert Walker Bush，一九二四—二〇一八）在十二月訪問台灣，該次留有與李登輝一起快樂打高爾夫球的相片。如果要認為這時雙方有了什麼高層秘密協商，那也是極自然的事。

二〇〇三年八月，椎名素夫（左）接受陳水扁授勳，李登輝同場出席。（李登輝基金會提供）

台灣方面除國家安全局之外，與美日財政界有深厚關係的李登輝親信彭榮次，當時也負責溝通協調的角色。根據李登輝的說法，推薦椎名素夫的就是彭榮次。然而，究竟椎名素夫具體負責什麼任務，彭榮次僅回答：「明德專案事涉國家機密，因此我什麼都不能說。」完全避之不談。

不僅彭榮次，所有明德專案相關人士都三緘其口。不過，針對機密費的來源，一九九六年三月擔任國民黨秘書長的許水德證實：「當時李登輝總統只將黨務工作交給我處理，明德專案從來沒有從黨這方面支出任何金錢。」

但另一方面，有某位以匿名為條件的關係人士表示：「李登輝透過資金管理人，利用國民黨在戰後接收的日產進行股票等投資，獲取新的機密費用資金。」這個情報是指明德專案不是使用政府預算，也不是原有資金的流用，而是以全新的資金作為「機密費」來運用。

明德專案其後在繼任的陳水扁總統時代仍繼續運作，陳水扁政權的國防部長得以訪問美國，也是該專案在背後運作的成果。

二〇一一年，檢察單位以挪用國家安全局的機密費用，涉嫌違反貪汙治罪條例為由，起訴已經卸任十年的李登輝。二〇一四年八月，二審獲判無罪，檢察官也放棄上訴，李登輝無罪定讞。

不單指機要費問題，李登輝概括地表示：「如果使用金錢能防止軍事紛爭，能提高台灣地位，能加速推行民主化，不是應該盡量使用才對嗎?金錢與權力原本就是為了國家而使用啊！」此點展現李登輝作為一個現實主義政治家的面貌。

然而，李登輝也有公與私完全分明的性格。對於中飽私囊的人，他絕對不能容忍，也曾有直接更換的事例。

對於這個部分，與李登輝非常親近的財界鉅子東元集團董事長黃茂雄（一九三九—），面露笑容地評論說：「李登輝先生是一位堅毅的二刀流人物。」

「朝向加入聯合國」

「台灣在三年內要以加入聯合國為目標積極展開行動。」李登輝在一九九三年四月的演說中，首度表明台灣要加入聯合國的意志，且指出期程，並將其明確化。這是李登輝要讓台灣朝向「正常國家」絕對不可或缺的政策。

李登輝腦海浮現的是一九九一年南韓與北韓同時加入聯合國的事例。因此，他對於打開台灣與中國都進入聯合國之路充滿期待。

以經濟合作及務實外交為後盾，在李登輝就任總統之後，與台灣締結外交關係的國家[2]從二十三個增加到三十個。一九九二年，韓國與中國建立外交關係，同時也與台灣斷交，導致建交國減少為二十九個。然而，從一九七一年脫離聯合國以來，台灣的邦交國一直在減少，因此當他上任後能夠大幅增加，確實更為加深李登輝的自信。

一九九三年八月，與台灣有外交關係的瓜地馬拉等七個中美洲國家，在聯合國大會發表要求討論台灣加入聯合國問題的提案。這應該是台灣方面私下運作的結果，但聯合國大會總務委員會卻在九月否決該提案，使台灣加入的議題未能成案。

既然試圖從正面突破加入聯合國不容易，李登輝因此開始思考其他策略。

根據台灣政治智庫的幹部指出，李登輝採取的戰術是不再逼迫對方在台灣或中國之間二選一的方式，而是累積願意對台灣與中國「雙重承認」的國家，如果可以讓台灣的建交國家達到四十、五十個，那麼或許可以打開加入聯合國的大門。

過去與中華人民共和國在聯合國爭奪「中國代表權」時代的僵化想法，早就不存在了；

現在應該是以台灣這個新成員的身分，尋求加入聯合國的方法。

一九九三年當時保有外交關係的南非，其動向頗為關鍵，如果南非能同時承認兩岸，非洲與中南美洲應該也會出現跟進的國家。

李登輝與南非曼德拉（Nelson Mandela，一九一八—二〇一三）關係緊密，他與長期抗爭白人統治的種族歧視、率領國家走向正常化之路的曼德拉有著共同的理念。

李登輝揭示：「一九九四年南非大選時，我們傾全力支持曼德拉先生，維繫與南非之間的關係。」

依據台灣二〇〇二年的某篇報導，提到一九九四年時經由李登輝的指示，從機密費中撥出約一千一百萬美元至南非。對此，李登輝刻意避開話題，但如有撥付這筆資金，則做為支援曼德拉選舉的可能性相當高。當然，這是有政治考量的。

一九九一年，曼德拉就任長期反種族隔離的非洲民族會議（ＡＮＣ）主席。但ＡＮＣ

2. 台灣的外交關係：台灣用「中華民國」的名稱，在二〇二〇年四月，尚與梵蒂岡以及帛琉等十五個國家有外交關係。雖然「中華民國」曾為聯合國的常任理事國，但當「中華人民共和國」於一九七一年以唯一中國代表身分加入聯合國，「中華民國」也因此被逐出聯合國。民進黨的蔡英文政權於二〇一六年五月開始執政以來，中國再次極力發動外交攻勢，讓巴拿馬等七個國家與台灣斷交，轉向與中國建交。

一九九三年七月三十一日，李登輝接待以非洲民族議會（ANC）議長身分首次訪台的曼德拉（左）。（李登輝基金會提供）

長期接受中國的資金援助，如果ANC取得政權，極有可能斷絕與台灣的外交關係而與中國建交。

而且，由於他和李登輝的關係，曼德拉一再表示：「雖說與中國建交是必然的趨勢，但我不想與台灣斷交。」這是一個異於常軌的發言。這表示南非很有可能成為第一個與中台雙方都有外交關係的國家。

一九九四年五月，李登輝出席曼德拉的總統就職典禮。台灣與南非的外交關係成功地穩住數年之久，但南非還是在一九九八年一月與中國建交，最終並與台灣斷交。李登輝努力要實現「雙重承認」的夢想，最後總是被中國的強硬態度所阻撓而幻滅。

李登輝回憶道：「對於當時的外交努力，最後卻不能取得成果，直到今天都還感到非常遺憾。」不過李登輝也在二〇一八年的記者會呼籲：「經由公民投票，變更國號為『台灣』，然後申請加入聯合國。」台灣朝向「正常化國家」的這場戰役，迄今仍然繼續進行著。

首次和平政權轉移

二〇〇〇年三月十八日，台灣史上第二次總統直選投開票，結果李登輝培養繼任的國民黨籍候選人連戰慘敗收場。

當選總統的是在野黨民進黨的候選人陳水扁，得票率超過連戰百分之十六以上。同時，脫離國民黨以無黨籍身分參選的宋楚瑜，其得票率也超過連戰將近百分之十四。

李登輝在接受採訪時表示：「原來認為可以讓連戰擔任總統，我則以國民黨黨主席身分，讓台灣的民主化繼續朝第二階段邁進。」李登輝難掩其懊惱的神情。

依據了解當時情況的關係者透露，李登輝在政權後期被少數親信圍繞，對黨內情勢或選戰狀況都只聽到錯誤的訊息，同時他也無法聽聞外部的意見或提議。

當時李登輝確實是判斷錯誤。就在這次選舉的三年前，也就是他七十四歲時的一九九七年，李登輝已公開表明自己不再參選總統。雖然依照憲法規定，李登輝還可以再尋求一次總統連任。其後，當時擔任副總統的連戰成為國民黨下一任總統的候選人。

東京外國語大學副教授小笠原欣幸非常了解台灣政治。根據他最近的著作《台灣總統選舉》（晃洋書房出版）一書所述，這件事情導致宋楚瑜強烈反彈，成為「國民黨分裂的導火線」。在一九九七年當時，宋楚瑜擔任台灣省省長，他有強烈的政治野心，因此對連戰深具競爭意識。

宋楚瑜是中國湖南省出身的外省人，在一九八八年蔣經國驟逝時協助李登輝繼任總統，他說服國民黨內的反對勢力，是李登輝當上黨主席的最大功臣。在一九九〇年代前半，宋楚瑜與李登輝一直維持深切的信賴關係，兩人甚至曾被形容如同父子一般。

然而，宋楚瑜在一九九四年成為台灣省長之後，李登輝對他就有嚴厲的批評：「用我長期以來一直嚴禁的撒錢方式，收買地方有力人士，甚至於藉機中飽私囊，成為一個完全無法信任的男人。」他最後更與宋楚瑜切割。宋楚瑜在一九九九年也被發覺有盜用公款的嫌疑。李登輝公私分明，若不這樣清楚區隔就無法釋懷。特別是在金錢方面，他完全沒有所謂的灰色模糊地帶。

如果李登輝在一九九七年時未清楚表明自己的進退，讓連戰和宋楚瑜一直競爭到最後階段，由他掌控黨內情勢的話，或許二〇〇〇年總統大選的結果，以及其後民主化的發展道路，極有可能完全改觀。擁有如磐石般穩固基本盤的國民黨，由於宋楚瑜的出馬參選而分裂，結果讓陳水扁漁翁得利。

針對李登輝挑選連戰做繼承者這件事，彭明敏曾經非常嚴厲地批評說：「無論從好的一面或壞的一面來看，李登輝有著日本人的個性，只要認為可以信任就完全沒有戒心。連戰雖然看起來是既順從又優秀的台灣人，但是在內心的意識形態上，比起台灣，他更是完全偏向中國。」

連戰是彭明敏在台灣大學教書時教過的學生，所以他很早就看清連戰在想法上是完全偏向中國的。連戰的父親雖是台灣出身的本省人，但他母親是外省人，連戰本身也是在中國陝西省西安市出生長大的。

題外話。二〇〇五年四月底到五月初，連戰以國民黨黨主席身分訪問中國，筆者從台北一路全程採訪，在當時的報導中就可以看出連戰親中反日的態度。

國民黨訪中之旅結束　連戰心繫中國

【上海＝河崎眞澄】台灣最大在野黨中國國民黨連戰主席於二〇〇五年四月二十六日開始訪問中國大陸，五月三日從上海經香港返回台北。綜觀整個訪問中國的行程，對於過去曾經統治全中國的國民黨，或是雖然戶籍上記載的是本省人（台灣籍），但對中國出生長大的連戰本人來說，他的根源不是台灣而是中國大陸，此點讓我印象深刻。這由連戰訪中過程中一再強調「中華民族」與兩岸必須團結可以看出。

連戰在訪問期間的四月三十日，來到自己真正的故鄉西安，這是他自一九四九年中台分裂後首度來到這裡。他面對母校約兩千六百名兒童列隊歡迎時，情不自禁地流下眼淚。

連戰在母校致詞時說：「我的名字聽起來很奇怪，火藥味太重，這是我的祖父給我起的。」他說明自己名字的由來。台南出身的祖父連橫以及父親連震東，由於反對日本對台灣的統治，渡海前往中國大陸，參加國民黨的抗日戰爭，因此連戰於一九三六年在西安出生。連戰表示：「祖父認為：假如是男孩，一定要起名叫『戰』，連戰，為什麼呢？因為『中日必將一戰』！我們一定要克敵制勝，期待在對日戰爭能連戰連勝。」小學生聽到這裡，都熱烈鼓掌。

連家原本是台南的望族，連橫是著有《台灣通史》的知名歷史學者。連戰在大陸生活直到十歲，一九四六年才返回台灣。

因此，連戰經常分別使用「台灣人」或「中國人」身分來面對社會大眾。他在台灣參加兩次的總統選舉，都是以本省人的姿態尋求台灣選民支持；而這次訪問中國，則扮演西安出身的中國人這個角色。

連戰出生的那年年底，在故鄉西安發生「西安事件」。指揮掃蕩共產黨軍隊的張學良，在西安監禁前來督戰的蔣介石，要求舉國上下一起同心協力抗日。也因為此事，促成了第二次國共合作。

在西安市內，連戰特別提到這次國共合作，他表示：「中華民族在面臨危急存亡之秋，國民黨與共產黨成立抗日統一戰線，因而取得全面勝利。我們必須要再次發展兩岸關係，朝向中華民族偉大的復興大步邁進。」

四月二十七日，在過去的首都南京參拜國民黨創黨人孫文墳墓「中山陵」時，連戰以「和平、奮鬥、救中國，這個孫文先生的思想，讓中華民族能夠發展」為題，稱讚打倒清朝的革命家，在中台兩地都被敬愛的孫文。他同時說道：「今年是對日抗戰勝利六十週年，非常感謝讓我可以來參拜中山陵。」這席話得到群眾的熱烈掌聲。

連戰一再提及把日本當成「共同敵人」的國共合作，根據熟悉台日關係的人士分析，其背景是針對高舉台灣海峽問題必須「和平解決」的美日共同戰略目標，中國方面嘗試藉由懷柔國民黨，切割台灣社會的輿論，建構中華民族「反日包圍網」的戰略。果真如此，連戰可說是完全盡職地扮演了中國方面所期待的角色。

（二〇〇五年五月四日產經新聞）

同年五月十日，產經新聞國際版「台灣有情」專欄，揭載了當時連戰的表情與台灣對此事的看法。

【台灣有情】如果台灣也有舉辦「流行語大賽」，那麼這句在這年四月三十日突然迅速流傳的話語勢必得獎。那就是：「連爺爺，您回來了。您終於回來了！」

在連戰訪問中國期間，他終於在這天再次踏上西安這塊土地。對戰後首度回到西安的國民黨連戰黨主席，母校的小學生在歡迎儀式上用這句話來表示歡迎。當台上小朋友努力用充滿感情的語調，配合背景旋律及手舞足蹈的演技，讓約一百名在場記者及攝影師都必須努力忍住才不致笑出來。

台灣知名報紙的記者笑說：「這和北韓的樣板戲簡直沒有兩樣，讓小朋友用這種方式表演，實在非常噁心。」那絕不是小朋友天真浪漫的喜悅，而是充滿整體國家主義的腐臭味。看到這樣的演技而唯一留下眼淚的，就只有連爺爺一個人，包括隨行人員在內，都可以看到他們強忍著不笑出來的表情。

有台灣年輕人開玩笑地將這段話當成手機來電答鈴，當他在電視節目上表演時，引起了觀眾哄堂大笑。反對連戰訪問中國的執政黨議員，甚至在記者會上一邊表演這段歡迎台詞，一邊表示：「連爺爺，您就不用回來了！」

然而，我再次感受到的是：比起連爺爺，真的「不必回來」的，絕對是懼怕「全體主義國家」的恐怖心情吧？

二〇〇〇年三月，李登輝最後擔負起連戰敗選的責任，於選後第六天辭去國民黨黨主席職務。選後兩個月，在五月二十日的就職典禮上，李登輝將總統印信交給陳水扁，卸下

二〇〇〇年五月二十日，李登輝於陳水扁就職總統典禮上與民眾揮手告別。（李登輝基金會提供）

任職十二年的總統職務。當李登輝被問及當時的印象時，他說：「那是一次和平的政權轉移。」

從蔣經國時代到李登輝時代，一直擔任總統隨扈的王燕軍表示，李登輝在卸任前夕，邀請所有警衛人員在總統官邸餐敘，那時李登輝如此說道：「這十二年來，辛苦大家了。大家一起見證了台灣民主發展的歷史，非常感謝大家的守護。」對於擔任總統的李登輝而言，民主化的過程絕對是賭上生命的工作。

雖然總統大選的結果不是依照李登輝預想的劇本走，但這個瞬間讓國際社會都看到：中華文化圈歷史上第一次經由民主選舉、和平轉移政權的事實。回顧這段過去，李登輝對自己達成的結果一定也相當滿意吧。

二〇二〇年一月十一日的總統選舉，已經是第七次的總統直選。

第8章

日本啊！台灣啊！

「日本政府比老鼠還膽小」

二〇〇一年四月二十二日傍晚六點多，李登輝牽著夫人曾文惠的手，現身在大阪關西機場的入境大廳。這是睽違十六年之後的日本訪問，也是一年前卸任總統職務後第一次來到日本。

這次訪日的目的是要到岡山縣倉敷市的中央醫院接受心臟專門醫師的診療。但在開始時，日本政府對於是否要發給李登輝訪日簽證，態度猶豫消極。隱約可以看出，日本政府是顧慮中國政府會抗議李登輝訪日有「政治目的」。

與台灣沒有正式外交關係的日本，一向對台灣總統及行政院長等重要官員的訪日，原則上採取不接受的態度。即使是卸任後的政要也必須事先取得許可。

「日本政府的膽量簡直比老鼠還小！基於人道的理由也不能去就太奇怪了。」

在台北市郊的辦公室，李登輝面對著一大群媒體記者說出上述的話。對於日本政府曖昧猶疑的態度，他嚴厲地表達不滿。這是發生在抵達大阪關西機場的七天之前，也就是四月十五日的事情。陪同李登輝出席記者會的秘書，是曾經擔任駐以色列代表以及駐日副代表的鍾振宏；根據他的說法，這天李登輝罕見地表露出憤怒的神色。

四月十日，長期在檯面下負責與日方交涉的李登輝親信彭榮次，攜帶李登輝的相關書

二〇〇一年四月二十二日，李登輝牽著曾文惠夫人的手，走下關西機場空橋。

面資料前往日本交流協會（現在更名為日本台灣交流協會）台北事務所，申請李登輝前往日本的簽證。

但在四月十一日，當時的官房長官福田康夫卻拿著外務省提供的資料表示：「沒有李登輝申請簽證及受理的事實。」這件事情讓李登輝非常不高興。

經過一陣混亂之後，終於在四月二十日這天，首相森喜朗指示外相河野洋平發給李登輝赴日簽證。

關於這段經過，彭榮次透露令人意外的說明：「美軍偵察機與中國軍機在南海上空擦撞，導致美國軍機緊急迫降海南島，是日本同意發給簽證的臨門一腳。」這是他事後從日本某高官口中聽到的。

空中擦撞的事件發生在四月一日。四月十一日，針對美國軍機上的二十四名機組員，中國政府表示：「基於人道立場，同意給予出境。」

藉由此事，支持李登輝訪日的日本政界相關人士開始反應。他們認為，既然「中國可以用『人道主義』來避免與美國發生摩擦，反過來也可以用人道立場來說服中國以及日本的親中派人士。」因此開始積極展開行動。

我們無法了解李登輝是否知情，不過李登輝方面也強調「人道」立場，藉此來訴求社會輿論的支持。在這個時間點偶然發生的美中事件，成為李登輝得以實現訪問日本的關鍵因素。

李登輝會希望在這個時候訪問日本，起因為前一年十一月在台灣接受心臟手術時，一位在旁參與的日本醫學專家建議：手術後半年須接受相關檢查及必要的後續治療。

但是日本醫師並不能在台灣進行醫療行為。因此，李登輝的主治醫師團認為，若能在設備相對完善的岡山縣倉敷市中央醫院進行治療比較好。

另一方面，對李登輝訪日面有難色的是一群被稱為「中國幫（China School）」[1]的親中派日本外交官。

根據當時擔任外務副大臣的衛藤征士郎與拓殖大學客座教授小枝義人的共同著作《檢證 李登輝訪日　日本外交的轉換點》一書描述，當時擔任外務省亞洲大洋洲局長的槙田邦彥，指示交流協會的台北事務所所長必須「慎重處理」李登輝的簽證申請。

交流協會是由外務省與經濟產業省共同管理的機構。從台北當地傳回外務省的報告中，交流協會做出痛苦且無奈的說明：「申請簽證的書面資料已經送達，目前暫時擱在台北事務所所長那裡，還沒有決定受理申請。」

當時台灣的駐日代表羅福全（一九三五—）說：「與森喜朗首相、福田康夫官房長官及安倍晉三副官房長官數度見面，一再強調：『美國總統在卸任半年後就被當成民間人士來對待，為什麼台灣卸任總統卻不是如此？』」

福田康夫官房長官對於李登輝的訪日採取慎重的態度，認為沒有必要急著立即成行。但羅福全透露：「在福田康夫官房長官與椎名素夫參議院議員及李登輝親信彭榮次先生三人餐敘時，與李登輝關係密切的椎名素夫參議員以嚴厲的口吻怒責福田康夫長官，最後迫使他讓步同意接受。」

即使有中國的反彈以及親中派的抵抗，日本政府最後仍然同意發給簽證，羅福全表示：「當時產經、讀賣、每日、朝日、日經以及東京等首都六大報，都在社論上異口同聲支持

1. 中國幫（China School）：對進入日本外務省後接受華語課程的區域專長者的統稱。由於主要任務在建構對中國的關係，因此為避免政治上的摩擦，他們的言行舉止都有偏北京的傾向。二〇〇二年，由脫離北韓的流亡人士逃入瀋陽的日本總領事館所引起的事件中，當時日本駐中國大使等人採取冷淡應對的態度，因此被強烈批評是「親中派」，讓這些人的存在被社會所知。

二〇一五年七月二十五日，於訪日時住宿的飯店內，與李登輝確認早餐會問候文的李登輝基金會秘書長王燕軍。（早川友久提供）

李登輝訪日。……以人道問題作為訴求，影響社會輿論，也讓總理、官房長官成為支持者。」

在李登輝卸任總統後，繼續擔任護衛的王燕軍表示：「卸任總統後第一次的訪問日本非常重要。藉此與交流協會及日本警政單位建立信賴關係。在訪日的那段時間，針對李登輝每日活動行程，與日本方面一件一件確認，每天晚上都要忙到凌晨三點左右。」王燕軍在各方面都受到李登輝相當的信賴，目前（二〇二〇）仍擔任李登輝基金會秘書長，繼續負責李登輝的安全保護工作。

李登輝表示：「那次訪日是一個關鍵的突破口。」在三年後的跨年期間，李登輝第二次訪問日本。他特地前往京都，到作家司馬遼太郎墳前參拜，並緬懷地說道：「終於得償夙願。」一九九四年，他與司馬遼太郎成為知己，李登輝相當重視兩人的友情。

其實，對於持續與中國擴大關係的日本社會，李登輝每次訪問日本，都會凸顯台灣的存在感，他一直都親自扮演著「台灣最高層級推銷員」（Top Salesman）的角色。

「能夠做決定的，既非日本亦非中國」

自從二〇〇〇年卸任台灣總統之後，一直到二〇一八年為止的十八年，李登輝總計訪問日本九次。但從一九八八年擔任總統起的十二年間，他從未踏上過日本的土地。期間雖然曾經有兩次試圖要訪問日本，但最後都受到阻撓。

一九九〇年五月，前副總理大臣金丸信（一九一四—一九九六）訪問台灣，成為打開台日禁忌最初的契機。那次金丸信來台是為出席李登輝連任總統的就職典禮。一九九一年六月，金丸信再度來台訪問。

李登輝曾向金丸信詢問，是否能在訪問中南美洲的途中，藉由過境轉機的方式順道訪問日本？李登輝的親信彭榮次透露說：「由於金丸信先生表示沒有問題，因此李登輝先生認為『應該可以去日本』。」

不過，中國的駐日大使楊振亞（一九二八—二〇一八）掌握到李登輝想要訪日的訊息。楊振亞拜訪前首相竹下登，要求阻止李登輝訪問日本。之後，竹下登說服了金丸信，使得該項計畫因而被抹殺。竹下登在二〇〇〇年六月去世時，楊振亞在共產黨機關報人民日報投稿悼念，文中特別說明了這件事。

彭榮次表示：「其實如果自民黨以國民黨主席身分邀請李登輝先生，採取政黨外交的方式，絕對是可以實現的。」對於這個夢幻計畫未能成功，他確實感到非常遺憾。

在一九八九年發生天安門事件之後，日本政府呼籲避免讓中國在國際社會被孤立。一九九一年八月，時任首相的海部俊樹更是首位訪問中國的西方集團（譯註：Western Bloc，有時也被稱為資本主義集團，是指冷戰期間以美國為首、對抗蘇聯及其附屬之華約國家的同盟）元首，從這點可以看出，當時日本的政治力學是完全向中國傾斜的。

其後，李登輝將下一個目標鎖定在一九九五年十一月即將在大阪舉行的亞太經濟合作會議（APEC）。台灣從一九九一年就已是APEC的正式會員，李登輝希望能出席非正式的高峰會議。

同時，李登輝也提議表示期待能藉由APEC會議的機會，與中國共產黨總書記江澤民在大阪以兩岸政黨首腦名義進行會談。這是個「一石二鳥」的計策。

不過，由於李登輝在一九九五年六月接受母校康乃爾大學邀請，前往美國訪問與演講。中國大肆抗議，並向台灣外海進行飛彈射擊演習，兩岸情勢急轉直下，使得這項計畫變成黯淡無望。

同時，日本政府的舉動更是落井下石。根據國史館二〇〇八年出版的《李登輝訪談錄（四）》一書描述，李登輝表示：「日本外務省竟然派某個美國人來說服我放棄出席（APEC）的念頭。」身為國際組織的正式會員，能決定派誰出席會議的，「絕對不是日本，也不是中國！」李登輝嚴厲地批判。

雖然雙方不信任感升高，最後李登輝還是認為「本來就沒有想要造成日本政府困擾的意思」，因此他改派海峽交流基金會董事長辜振甫去大阪參加APEC會議。

為何李登輝堅持要在總統任內訪問日本，他說明道：「李登輝如果不能去日本，台日關係勢必變得很奇怪。」已實現訪問美國的「李登輝」，卻一直被日本拒絕，這對親日的台灣社會輿論絕對有負面影響，這是李登輝最擔心的事情。

卸任總統後的二〇〇一年四月，李登輝終於在睽違十六年之後訪問日本。但在次年受邀要前往東京慶應義塾大學對學生發表演講，卻又被日本政府拒絕發給簽證。日本政府三番兩次想盡藉口拒絕，李登輝也越挫越勇，持續不氣餒地改變策略，一而再、再而三地挑戰。

坂本龍馬的船中八策是政治改革範本

李登輝曾提到：「擔任總統期間固然無庸贅言，即使卸任總統職務後，也是經過一段時間都沒有跟任何人提起過，那就是台灣的民主化與政治改革，實際上受到坂本龍馬『船中八策』[2] 非常深遠的影響。」

坂本龍馬建議的八項國家構想是明治維新的基礎，讓日本從幕府末期的封建社會發展成現代的立憲國家。而李登輝盡心努力奮鬥的是：要讓台灣從蔣介石以來的中國窠臼中脫胎換骨為一個全新的民主社會。

李登輝之所以一直將其放在內心，沒有說出來，主要原因是他經常受政敵及媒體批評為「親日」，因此刻意不提及坂本龍馬或「船中八策」，以免捲入無謂的政治論爭。

二〇〇九年九月六日，李登輝卸任後第五次訪問日本時，前往拜訪參觀高知縣高知市的坂本龍馬雕像。「坂本龍馬雖是日本人，但又好像不是日本人。感覺他好像是為改變日本而帶著使命從天降臨人世一般。」當時李登輝緬懷地如此說。

在這一天，李登輝首次以坂本龍馬的「『船中八策』與台灣的政治改革」為題公開演講，說出他內心深處對坂本龍馬故鄉的感受。當時擔任李登輝日文秘書的小栗山雪枝回憶說，李登輝在演講中用「船中八策」的第一議：「天下政權應奉還朝廷，由朝廷下達政令」，來比擬台灣的政治與民主化。

他將德川幕府比喻成「台灣的親中統一派」，將薩摩與長州的倒幕派比擬成「台灣獨立派」，至於兩者都不是的朝廷，在台灣就是總統府，由其集合所有政治權力，選擇朝著「民主國家」的道路邁進。

戰後由中國國民黨一黨獨裁的台灣，就如同現今的中國，是「以黨領政」的統治體制。但李登輝在總統任內修改憲法，讓總統由台灣選民直接選出，同時在一九九六年三月舉行首次總統直接選舉，改變台灣的政治結構。

然而，政治家李登輝並非一開始就意識到「船中八策」。一九九七年四月，長年擔任松下電器產業（現在更名PANASONIC）創始者松下幸之助（一八九四－一九八九）秘書的江口克彥（一九四〇－），在寫給李登輝的書信中，建議台灣政治改革應參考「船中八策」。

收到江口的書信後，李登輝才注意到：自己正在進行的政治改革與民主化，其基礎思維真的有如「船中八策」的論述一般。

李登輝戰前在台灣接受過日本教育，或許是在無意識下，將幕末志士及明治維新和自己身為政治家的努力方向重疊。現在透過江口克彥直接挑明，讓這點更為清晰明瞭。

---

2. 「船中八策」：德川幕府末期，土佐藩鄉士坂本龍馬在慶應三（一八六七）年起草共八項的國家構想。以此對藩主山內容堂提出建言，內容包括幕府將政權歸還天皇、設置議會、起用人材、外交與獨立、制定憲法、增強海軍、防衛帝都、貨幣制度等等，這是在從長崎往京城的船上所撰寫的，故謂之「船中八策」。「船中八策」最後落實為「大政奉還」及明治政府的「五條御誓文」等成果。

在此之後，李登輝內心重新意識到「船中八策」的內容，加速政治改革。至於江口克彥為何會寄這封信給李登輝，他說：「看到當時李登輝總統正在進行的政治改革，感覺與明治維新的情況是完全重疊的。」李登輝與江口克彥意氣投合，兩人友誼深厚。

一九九九年，在松下幸之助創辦的PHP研究所，江口克彥出版李登輝的日文著作《台灣的主張》。這本「明確拒絕一國兩制」的書籍，內容深入，也清楚地宣示理念，引起許多日本人的關心，在日本銷售超過二十萬冊，同時華文版在台灣也銷售一百萬冊，是一本非常暢銷的書。

「國家前途取決於教育」

「台灣歷史、台灣地理及自己的根源等，在國民教育中應該更深入。」

李登輝一九九四年與司馬遼太郎在台北的對談中，特別指出台灣教育盤根錯節的大問題。

李登輝更進一步指出台灣教育的荒謬：「完全不教台灣的事，只讓大家背誦中國大陸的一切事物，根本就是胡亂惡搞的教育。」身為現職總統，這種發言絕對超乎尋常。

戰後台灣處於國民黨政權之下，學校教導「要成為堂堂正正的中國人」，要求中小學生熟記中國古代皇帝的名字。同時，又以國民黨角度的歷史觀詮釋中日戰爭，長年持續著「反日教育」。

於是，李登輝開始著手教育改革，從一九九七年秋天開始使用的歷史教科書，可以清楚看出李登輝的發言真的是出於本心。

對於當時進行的教育改革，前日本台灣交流協會台北事務所所長沼田幹夫（一九五〇—）指出：「這使得目前三十歲前半或更年輕世代的台灣人，對日本的理解產生非常巨大的變化。」

在新編國中生的教科書《認識台灣　歷史篇》（一九九八年正式出版）中，從五萬年前的原住民開始敘述台灣歷史的源流。

而以前幾乎完全不教的日本治台五十年時期，該教科書也詳盡地記述日治下教育的普及、公共設施的整備等各項施政。

當然，該教科書也談到反對日本統治的抗日事件，但完全是以客觀角度做史實說明。

這個教科書用超過四分之一、三十頁以上的篇幅，敘述台灣與日本在歷史上的關係。

由於學習到沒有政治偏見的台灣歷史，年輕人對中國及日本都能以公平的觀點來看待。

除了歷史教科書之外，地理與社會的教科書也都進行改革。

長久以來台灣一直處於「我是中國人，還是台灣人？」的曖昧層面，但這個歸屬認同錯亂的狀態，終於開始朝「台灣人」的方向集中收束。

中央研究院前副研究員林泉忠評論道：「《認識台灣》的登場象徵教育上的台灣化，其影響深遠，稱為『天然獨』的新世代於焉誕生。」

即使父祖輩是中國大陸出身的外省人族群，其第二代或第三代變成「天然獨」的情況，也已經開始在這些家庭中產生。

台灣的歷史教科書《認識台灣》

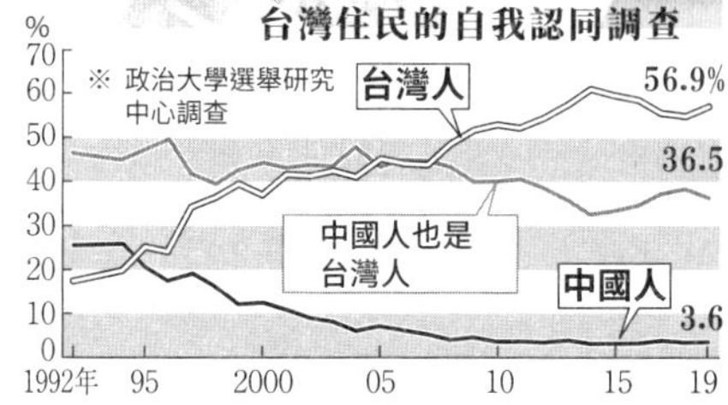

依據國立政治大學舉辦的「台灣住民認同調查」，其結果可以明顯看出認同意識已經發生變化。回答自己是「台灣人」的受訪者，在一九九二年時僅有十七・六%。然而，回答「自己是中國人」或「既是中國人也是台灣人」的，逐年減少，終至逆轉。從二〇〇八年開始，回答自己是「台灣人」者變成最多，且逐年持續升高，數字一再創新紀錄。這個現象，與學習《認識台灣》的世代增加並且已進入社會有重疊的情形。

令人感到有趣的是數字的近似性。在二〇一九年的調查中，回答「台灣人」的是五十六・九%；「既是中國人又是台灣人」和「中國人」

則是四〇·一％。在二〇二〇年一月十一日的總統選舉中，訴求遠離中國、拒絕「一國兩制」而達成連任的民進黨蔡英文的得票率剛好達到五十七·一％。至於主張與中國融和的在野黨國民黨與親民黨，兩位候選人的得票率加起來則是四十二·九％。

這到底是偶然還是必然的結果？李登輝從以前就一直主張：「國家的未來是由教育決定。」如今看來，這句話頗值得玩味。

對災區的支援，加深緊密關係

一九九九年九月二十一日凌晨將近二點，正在總統官邸看書的李登輝驚覺有異。「燈光逐漸變弱，正在想說是不是要停電了，但沒過幾秒鐘就感受到強烈晃動。」這是震度七·六級（M）規模的大地震。

翌日一大清早，李登輝就搭乘總統專機前往台中，進入災區開始指揮救援行動，當時的參謀總長湯曜明也同行。李登輝認為：「震災救援絕不可缺少軍隊。」

在京都帝國大學就學期間，李登輝曾加入舊日本陸軍，並於一九四五年三月遭遇東京大空襲。李登輝表示：當時負責帶隊救助受傷者、處理倒壞房屋等，「指揮軍隊在受空襲災區進行『戰場整理』，那時的相關經驗在這次震災的救援活動中發揮了功用。」

李登輝同時也對住在台灣中部的日本人給予關照。根據台中日本人會發行的《搖晃倒塌　但我們仍舊努力》書中所述，在地震發生後的隔（十）月七日，李登輝特別視察接近地震中心點的台中日本人學校（學童合計一二七人）。

由於地震發生在深夜，這所日本人學校並沒有任何人員受傷，但校舍卻全倒。據聞，在現場視察的李登輝判斷學校已無法使用、必須遷移，翌日立即指示相關人士尋找學校重建地點。該書提到，「由於李總統迅速的對應，新校舍在二〇〇〇年底已確定建設方針」，並藉此特別對李登輝表達感謝之意。

一九九九年九月二十四日，李登輝勉勵在中部大地震災區活動的日本救援隊（左）。

地震發生當日，首先從海外趕來救援的，是日本政府派遣的一支一百四十五人的國際緊急救援隊。根據李登輝的說法，在這次震災中，許多台灣人都對日本救援隊的行動感到不可思議。

日本救援隊一直默默地持續搜索生還者，一發現受害者遺體，就默禱致哀，並且向遺族道以：「沒能成功救援，非常抱歉！」這群日本救援隊隊員的身影，連日在電視畫面重複播放，這在台灣是不易見到的情景，李登輝說道：「當時台灣與日本之間的關係，突然立刻就拉近了距離。」

與李登輝及司馬遼太郎關係親近的企業家蔡焜燦，生前曾經敘述過這件事情。一九九九年九月發生地震之後，兒子對他說道：「我終於了解，父親說的話果然正確。」

當時年約四十歲的兒子，是在一九六〇到七〇年代接受國民黨教育的族群。從小就常聽父親說：「日本時代的台灣雖然也有辛苦的地方，但事實上也有好的一面。非常好的日本人也是有的。」但他在學校學到的歷史及對日本的觀念，卻都與父親所言完全矛盾。

基本上，蔡焜燦的兒子原先對日本人懷有某種程度的反感，「但看到因震災而派來台灣的日本救援隊的舉動，終於了解父親所說的意思。原來學校教的是錯的。」蔡焜燦回憶當時兒子所說的話，他表示：「聽到兒子這麼說，真的非常高興。」

或許是九二一地震結下的緣分，二〇一一年三月十一日發生東日本大地震時，台灣方面捐贈超過兩百億日圓的救助金。這次感到不可思議的，變成是日本人。

與台灣中部大地震有深遠關係的，並不僅止於對災區的救援行動。

一九九九年當時，連結台北與高雄間約三百五十公里，要以一個半小時車程抵達的高速鐵路建設計畫，剛好正在進行國際採購標案。在投標初期階段，歐洲廠商較占優勢，但建議使用新幹線技術的日本企業連盟最後大逆轉，取得了車廂與機電系統的優先交涉權，這是地震發生三個月後，也就是同年十二月底的事情。

不論建設計畫或國際標案，都是由民間的台灣高鐵公司負責主辦，李登輝明白表示：「在地震發生後，說服了台灣高鐵公司高層改用日本的新幹線系統。」

事實上早在地震發生之前，李登輝就一直主張必須考慮地震對策與安全性，無疑地，新幹線比較符合台灣的實際需求。不過由於是民間的案件，李登輝及政府機關並沒有決定權。台灣高鐵公司幹部長期以來一直將焦點放在歐洲，就在地震發生後，開始考慮耐震技術，因此重新對日本新幹線進一步表示關注。

台灣高鐵公司於一九九九年十二月初，邀請ＪＲ東海的社長（現為名譽董事長）葛西敬之（一九四〇—）到台北來辦說明會。葛西敬之表示：「我當時詳盡說明了一九九五年一月阪神大地震時，新幹線的危機管理如何發揮功能的經緯。」此時葛西敬之也被邀請到總統官邸，他向李登輝報告說：「台灣的高速鐵路絕對需要新幹線的技術。」

取得優先交涉權的日本團隊，於隔年十二月正式與台灣高鐵簽訂合約。二〇〇七年開通的高速鐵路就這樣決定採用日本技術。

地震是非常不幸的事件，卻也成為契機，讓自然災害特別多的日本與台灣雙方的合作關係更形緊密。

唯一聽到真心話的台北特派員

在《台灣紀行》一書裡，司馬遼太郎寫著：「日本的任何新聞社都沒有在台北設置支局，僅有吉田先生所屬的產經新聞社是唯一的例外。」這是一九九三年一月司馬遼太郎訪問台灣時的事情。

一九九五年八月十八日，李登輝與產經新聞社前台北支局長吉田信行（左）於總統府。（李登輝基金會提供）

這裡的「吉田先生」，指的是當時產經新聞社特派員，台北支局的吉田信行（一九四一—）支局長。他協助司馬遼太郎在台灣的所有採訪活動，並在司馬遼太郎於一九九四年三月再度訪問台灣時，安排他前往總統府拜會，而在司馬遼太郎與李登輝兩人會面時，他也陪同在旁。

自一九七二年日本與台灣斷交之後，除了產經新聞，其他日本媒體都陸續離開台北，將據點遷至北京，只有產經新聞社這個日本媒體仍在台灣設置支局，持續報導與台灣相關的新聞，這個情況持續相當久的時間。

產經新聞自一九六七年受到中國當局要求特派員必須離境的處分之後，直到一九九八年才得以再在北京開設中國總局，成為唯一一家同時在台灣與中國兩地都設有據點的日本媒體。當時其他對北京一面倒的日本媒體，看到產經兩邊同時設置據點的做法，最後也追隨產經的這個行動，重新開始在台北設置支局。從這個時候開始，日本媒體都增加了台灣的各種相關報導。

從一九九一年一月起約三年半，吉田信行擔任台北支局長，成為李登輝執政初期唯一站在最前線做完整報導的日本記者。

吉田信行也感受到，李登輝當初「因為與外省人的關係，神經一直繃得很緊」。

在一九九〇年代初期訪問台北，與李登輝一起用餐的某位日本前首相，曾對吉田信行說出這樣的感想：「李登輝先生也是希望與中國統一。」不過，當吉田信行得知用餐之時行政院長郝柏村也在場，就向前首相說明：「李登輝內心的實際想法與表面是不同的。」

當時，國民黨政權被郝柏村等外省人為中樞把持著，身為本省人的李登輝其實沒什麼發言權。

國民黨從蔣介石時代以來高唱「統一中國」的悲願，雖然當時已是完全不可能實現的幻想，但要表面上直接表達異議，卻還是非常困難。

其實，李登輝內心的真意是：「讓台灣成為民主主義的正常國家。」但李登輝卻一直無法說出內心真正的想法，因為擔心被郝柏村等人硬貼上「台灣獨立派」的標籤，成為被攻擊的藉口。

吉田信行表示：「李登輝真正能夠強勢站起來面對政敵，要到一九九一年十二月『萬年國會』解散之後。」

在台灣負責選舉總統的「國民大會」代表（總數約七百人），李登輝利用高額的退職金換取萬年國代全員的退任。

相同地，在立法院的萬年委員也退職後，外省人的政治勢力逐步減弱。「在此之後，經由選舉，讓本省人代表與議員人數增加，李登輝才終於有自信。」當時吉田信行是這樣看待李登輝的政權。

其時，李登輝常一邊強調「這些訪談不要列入紀錄」，一邊告訴吉田信行許多內心話。譬如李登輝選擇接班人的事。李登輝在一九九二年七月接受吉田採訪時，就明白向他表示：考慮讓本省人的連戰繼任接班人。

吉田信行評論李登輝是「一貫頑固的設計主義者」。

不只選擇繼任人選這件事，其實早在一九九〇年代初期，李登輝就已經事先描繪導入總統直選等制度的藍圖。

比任何人都更能忍耐，靜候時機成熟，之後再親身實踐躬行，這就是李登輝的行事作風。

吉田取得李登輝相當的信任。有一天，產經新聞台北支局辦公室突然接到李登輝的電話。「電話鈴聲響起，接起電話的助手曾寶琴小姐著實嚇了一大跳。」吉田信行笑著回憶說。李登輝直接用日語說：「你好，我是李登輝。」在那個沒有行動電話，也沒有電子郵件（Email）的時代，他到任期結束返國前，與李登輝之間的熱線電話一直都保持暢通。

兩百萬人的「人鏈」向中國說不

二〇〇四年二月二十八日。從台灣北部一直到南部，約兩百萬台灣民眾手牽手面對中國所在的西方，連結成一條長約四百九十公里的「人鏈」。大家訴求的是：「反飛彈、護台灣」。

李登輝攜同夫人曾文惠女士與當時的總統陳水扁，在苗栗一起參加這場「手牽手護台灣」活動。李登輝表示：「沒有努力，民主、人權與尊嚴不會憑空從天而降。我們要明確地向處心積慮想併吞台灣的中國說『不』。」

自二〇〇〇年卸任總統，也退下國民黨主席之位的李登輝，並沒有任何政治企圖或眷戀，他只是想要對民主化運動多盡一份心力。

牽手護台灣是由台灣獨立建國聯盟主席黃昭堂等人所主導，他要求李登輝登高一呼，號召民眾參與。

手牽手護台灣活動的靈感，來自波羅的海三國。約兩百萬國民，於一九八九年八月二十三日牽手形成一道長達六百公里的人鏈。黃昭堂表示：「波羅的海三國是為強烈抗議當時蘇聯的統治。這與飽受中國威脅的台灣情況相當類似。」二〇〇四年這場活動是台灣抗議運動史上規模最大的一次。

在這年三月二十日的總統大選，陳水扁擊敗國民黨推出的候選人，成功連任，但得票率僅高對手〇．二%。同時，陳水扁政權兩任八年期間，在立法院都是在野黨居多數，由於朝小野大，使得政治亂局一直持續。

二〇〇八年的總統選舉，訴求改善對中關係的國民黨候選人馬英九獲勝，台灣政權第二次政黨輪替。在馬英九執政期間，台灣加強向中國傾斜的經濟政策。

就在馬英九政權第二任期的二〇一四年三月十八日，台灣發生不尋常的抗議活動。反對立法院強行通過馬英九在前一年與中國簽訂的《兩岸服務貿易協議》，抗議的青年學生衝入立法院並加以占領。李登輝表示：「因對過度升高對中依賴感到危機，台灣學生發揮這個行動力，我真是非常感動。」

最後國民黨不得不放棄此一協議，被稱為「太陽花學運」的這個國會占領行動，經過三週之後，在學生自主性撤出立法院後落幕。如同二〇〇四年牽手護台灣的人鏈一般，這是對中國大聲說「不」的活動！

此後，太陽花學運的影響力也跨海到了香港。二〇一四年九月香港也發生學生占據街頭的「雨傘運動」。運動的訴求是要排除中國當局對香港行政長官選舉的影響，要求改變為直接選舉的民主制度，示威抗議活動持續進行將近三個月之久。

當時才十七歲的學生領袖之一黃之鋒表示：「看到台灣的太陽花運動，認為香港也一樣可以進行抗爭。」

雨傘運動最後被強制清場而以失敗告終，但黃之鋒等人其後和太陽花學運的學生默默在檯面下進行許多交流，學習如何與民眾連結互動的方法。接著，他們看到二〇一六年一月的台灣總統選舉，民進黨重新取得政權，獲得了鼓勵而重燃奮起的希望。

為反對修改從香港可以遣送嫌犯至中國的《逃犯條例》，香港年輕人從二〇一九年開始持續性的「反送中運動」。

作為抗議的一環，同年八月二十三日在香港也連結長達四十公里的人鏈，這是波羅的海三國發起「人鏈」活動三十年後，也是台灣發動手牽手護台灣十五年後，用和平方式對抗獨裁國家，這些人鏈，跨越時空而相互連結。

「是學生與年輕人改變了政治。要對他們的力量有信心。」李登輝一直到最後都沒有改變他的基本想法。

「還早還早，台灣還有努力空間」

「從來沒有考慮過要把名字刻在歷史上，只要李登輝是李登輝就足矣！」

二〇一七年十月六日，在台北翠山莊接受採訪的前總統李登輝，被問到幾十年後的歷史書將會如何評價「李登輝」時，他做了上述表達。

「這件事幾乎沒有向人提過，我希望自己死後的骨灰灑在新高山。……死亡根本無須害怕。我曾經身為日本軍人參加戰爭，也曾擔任過總統職務，希望能從最高的山上繼續看顧台灣，永遠都不離開台灣。」李登輝說明他的心情。

新高山是日本統治時代的名稱，現在的名稱為玉山。玉山標高超過三九五〇公尺，比富士山還要高出將近兩百公尺。

李登輝是在京都帝國大學以及美國康乃爾大學學習農業經濟的學者。國民黨政權最高權力者蔣介石長男蔣經國，由於想進行農業改革而加以晉用，那已經是一九六〇年代的事了。李登輝自己常說，「我成為總統，是因為歷史的偶然。」

二〇一七年十月六日，李登輝於台北郊外翠山莊接受筆者訪問。

其實，他原本就沒有想要功成名就，更沒有任何政治上的野心。依照夫人曾文惠的說法：「他只是一個打從心裡深愛自己故鄉台灣的台灣人。」這就是最真實的李登輝。

在二〇〇〇年五月卸任總統之後，李登輝最常掛在口中的是：「我是不是我的我。」

這是一個非常難解的說法，但李登輝說自己領悟到：「我」不是為「自我」而活，而是「為公」盡力的「我」。接著，他又附加了一句：「只有認識死亡，才能真正思考應該如何活。」他從來沒有想過要當總統，卻在料想之外當了總統，李登輝心裡唯一思考的是：放棄「自我」，全心為台灣盡力。

同時，李登輝也強調：「了解『我是不是我的我』這個生命方式的年輕人，在台灣或日本都相當多，國家將會是由這些人來建設。」

二〇一九年十二月二十四日傍晚，全家都是基督徒的李登輝宅邸充滿聖誕節的歡樂氣氛，筆者取得了十五分鐘的時間，有機會向李登輝問候請安。

面對穿著輕鬆家居服走進客廳的李登輝，筆者向他說：「台灣的民主化終於走到今天這個地步了。」這是因為跨完年的二〇二〇年一月十一日，即將再度舉行總統直接選舉。這已是第七次的總統直選。台灣的民主仍會不斷地進化。

李登輝帶著和藹可親的笑容，明白說道：「還早、還早，還有努力空間，台灣還有許多問題沒有解決喔！」李登輝用日語說。

「還早、還早！」這到底是指什麼呢？

那天筆者沒有機會進一步詢問更詳細的內容，不過李登輝用一生所推行的台灣民主化以及確立提升國際地位，的確尚有許多未完成、必須繼續努力的事。

這應該就是面帶笑容的李登輝沒有說出口的話吧！

後記

從二〇〇四年年底跨到二〇〇五年年初，李登輝先生在家族陪伴下二度訪日。當時，我身為產經新聞台北支局長，全程參與訪日行程。最後一天，李登輝先生佇立在司馬遼太郎先生墓前的景象，直到今天都深深烙印在我的心裡。當時筆者在《產經新聞》早報撰寫的報導，雖然有些冗長，但還是介紹於下。

二〇〇五年一月二日，台灣前總統李登輝先生（八十一歲）前往京都市東山區西本願寺大谷本廟，在作家司馬遼太郎先生墓前獻花致意後，結束七天的訪日行程，於這天傍晚從大阪關西機場踏上返回台灣的旅途。

一九九六年去世的司馬先生在撰寫《台灣紀行》時，曾為收集資料，偕同夫人到台北訪問，與時任總統的李登輝先生對談，他稱讚李總統的日語腔調完全是「舊制高校生」口吻，兩人從那時開始密切往來。

在他們兩人一九九四年的對談中，李登輝先生向司馬先生提到「生為台灣人的悲哀」，

這句話引起台灣人廣泛的共鳴。

謁墓之時，李登輝先生也將曾文惠夫人（七十八歲），於元旦當天寫給司馬夫人的色紙（譯註：しきし（sikisi），用來書寫和歌、俳句、書畫等的四方形厚紙板）交給記者。

色紙上寫著「謹呈給司馬老師」，夫人以非常端正的日文，寫下「在彼岸，用溫柔的眼神，始終守護著台灣國的和平」的和歌，並附上親筆簽名。

關於此次訪日的感想，李登輝先生說：「對於日本政府與國民及在日的台灣同鄉們，親切熱忱地接待與用心，表達最高謝意。同時更深刻感受到，日本社會即使在持續進步中，仍然沒有失去傳統。」

李前總統在訪日行程中，一再提及日本人的「哲學」與「秩序」，或許這可以換成以「思考模式」與「社會」的字眼形容。

李登輝先生在積雪的銀閣寺散步時，提到「在遭遇困境時，藉由思慮找出活路的西田幾多郎哲學」，並說：「再次體認到，日本人的思考模式確實能協助台灣的國家建設。日本這樣的國家真的秩序良好。」

在拜訪石川縣河北市的「西田幾多郎紀念哲學館」時，他站在自己愛讀的西田哲學《善的研究》這本書的展示架前，遲遲不願離開。

李登輝先生的年輕歲月曾停留在京都和名古屋等地，現在能再度以觀光旅行名義來到日本，其實是終戰以來的第一次，但李登輝先生所關注的並非風光景色、溫泉或美食，而是完全將焦點放在「日本人」身上。

同時，他也如願地與京都大學時代的恩師柏祐賢老師（九十七歲）時隔六十一年後再度碰面。

以農業經濟學權威聞名於世的柏祐賢老師，他的「柏學說」可說是同樣也取得農業經濟學博士學位的李登輝先生研究戰後台灣實踐經濟政策上的「原點」。手拿著柏老師送的《柏祐賢著作集》，在柏老師身旁詢問研究內容的李登輝，完全宛如許久之前的「青年李登輝」模樣。

新年拜墓在台灣是禁忌。但李登輝先生卻特地在這天前往司馬遼太郎先生的墓園參拜，最主要的原因就是無論如何也要向「好友」報告，他在一九九四年對談中所說的「生為台灣人的悲哀」這句話，在司馬先生離開人世後，歷經台灣的民主化過程，已經轉變為「生為台灣人的幸福」。

中國國民黨統治的外來政權時代已成為過去，台灣已經成為台灣人自己的台灣。李登輝先生提到：「（譬如說）連一片垃圾都看不到的日本社會，這種日本秩序在台灣的建國道路上絕對不可或缺。」比起「公」更重視「私」的國民黨政權時代的殘渣，實際上也是勒緊「台灣自立」的枷鎖，這應該是李登輝先生所想表達的。

李登輝先生親身感受到，將危機變為轉機來克服困難，得以遂行成長的日本人之強韌性，其根本底層是因為存在著「哲學」與「秩序」，更認為這股「力量」也須應用在台灣。同時，將日本人當成「原型」的李登輝先生，也絕對想要傳達這個意思給現代的「日本人」。

在從金澤前往名古屋的列車上，李登輝先生從車窗眺望遠方被白雪覆蓋的田園風景，自言自語著：「這個國家在經歷泡沫經濟的深淵之後，十幾年就重新站了起來。日本仍然保存著優點，這個國家勢必還會繼續發展。絕對的！」

（台北支局長　河崎眞澄）

（二〇〇五年一月三日產經新聞日刊）

參墓至今已過十五年的二〇二〇年一月，司馬遼太郎先生未能親眼目睹台灣選民進行的直接選舉，從一九九六年三月第一次起算，已經是第七次的大選投票，民進黨的蔡英文總統順利連任。

從一九九六年起始的二十四年間，台灣歷經了三次政黨輪替，民主化經過一次又一次選舉的淬煉，可以看到台灣人的自信不斷更加深化與增強。

據說，兩人在一九九四年三月對談時，司馬先生向李登輝先生提出諍言：「李總統，可以的話，您最好不要參加下次（一九九六年三月）大選，這完全是為了您好。」

李登輝在《新・台灣的主張》中寫下：「我完全了解他想要保護我的善意」，但是「當時台灣殘存著『外來政權』的殘渣尚未清除乾淨，而我也還有必須完成的事項。結果，我並未聽從且違背了司馬先生的建議。」

如果李登輝先生現在可以再次與看到台灣成長的司馬先生以及みどり（MIDORI）夫人見面，應該會對他們說：「台灣仍有事要做，還早還早」吧？

二〇一九年十二月二十四日，筆者在台北市郊的李登輝先生家中獲得僅十五分鐘的接見，筆者向李登輝先生說：「台灣的民主化已經進展完成到這個階段」這一句話時，李登輝先生就是面帶微笑地用上面「台灣仍有事要做，還早還早！」這句話來回答。

在二〇〇五年一月初完成參拜司馬遼太郎先生墓園夙願的數日前，李登輝先生在眺望車窗外的風景時，自言自語地說道：「日本仍然保存著優點，這個國家勢必還會繼續發展。絕對的！」筆者認為這兩句話似乎相互呼應著。

日本與台灣都將會繼續發展，同時努力也都還不充足，絕對不是這樣就算完成了、就夠了。自己也還有許多待完成的事項。李登輝先生一定是想要表達這個意思。如果司馬先生或みどり（MIDORI）夫人聽到這句話，一定會默默地點頭同意，同時也會面帶笑容地向李登輝先生與曾文惠夫人致意。

多年來，產經新聞一直有將焦點鎖定歷史人物長期連載的傳統。從一九七四年到一九七六年刊登〈蔣介石秘錄〉連載為起點，接著是〈毛澤東秘錄〉、〈鄧小平秘錄〉，甚至延伸到〈史達林秘錄〉、〈羅斯福秘錄〉。

由滿懷尊敬有如閃亮星光的記者前輩們所延續的「秘錄」系列，竟能讓筆者得以參與，實在是做夢也沒想到。當然，因為有許多先進的累積，才能築起今日這些基礎與高牆。筆者我只是在旁邊再添加一個小石塊而已。由於許多偶然的交互重疊，讓我非常幸運地有機會可以撰寫〈李登輝秘錄〉，此點可說是人生最大的幸運，內心無比感激。

在我就任台北支局長的第二年，也就是二〇〇三年接近年底時，當時擔任顧問的產經新聞前會長羽佐間重彰來台出差。筆者陪他在台北市區散步時，羽佐間先生突然微笑地從口中冒出：「總有一天要寫〈李登輝秘錄〉，請收存相關的證言與資料。」事實上，這句話成為〈李登輝秘錄〉的原點。這是我們兩人在第七代台灣總督明石元二郎最初的墓園，也就是林森公園（中山十四號公園）附近閑靜散步時發生的事。

一九二八年出生的羽佐間先生，與同世代的李登輝先生有著以心靈交流的關係，在一旁聽他們用日語聊天，宛如聽到舊制高校生同伴間的一般對話。確實，畢業於舊制麻布中學以及舊制富山高校的羽佐間先生，與畢業於舊制台北高校的李登輝先生之間，感覺就如同曾一起呼吸同年代空氣的好友。

羽佐間先生和李登輝先生兩人，握手時都極為熱忱溫暖，總是令人安心的滿面笑容，站姿非常挺拔，無論經過多少歲月，兩人都還保留著那個舊制高校生的風範。

過了十二年的二〇一五年秋天，我正在擔任上海支局長，經過深思熟慮後，我惶恐地向當時的社長熊坂隆光先生（現任顧問）提出請求，希望能採訪並撰寫〈李登輝秘錄〉，沒想到社長非常爽快地答應。直到今日我都還非常感謝這件事。

在為連載內容採訪的過程中，承蒙現任社長飯塚浩彥先生、編輯部乾正人前總編輯（現任論說委員長）全力協助，否則筆者想撰寫〈李登輝秘錄〉的志向，或許可能半途而廢。此外，給予最大限度協助的井口文彥總編輯、渡邊浩生部長、田中靖人前台北支局長，以及外信部的同事等，謹在此對這些相關人士表達感謝之意。

在處理連載內容準備付梓的過程，受到產經新聞出版部的瀨尾友子總編輯，以及負責承辦的市川雄二先生全面性指導，在此也敬致無上感謝。

此外，在採訪過程中承蒙許多台灣、美國、中國以及日本相關人士的大力協助，也必須在此表示謝意。特別是台灣對日窗口機關的亞東關係協會前會長、台灣輸送機械彭榮次董事長，長年承蒙他的照顧。彭榮次先生是李登輝先生親信中的親信，更在二〇一五年秋天獲得日本政府頒發「旭日重光章」的表揚。

不斷協助安排每次採訪，同時也提供龐大資料的李登輝基金會王燕軍秘書長和早川友久秘書，非常感謝兩位的鼎力協助。

在本書中數度出現，現在已在天上的台灣父親蔡焜燦先生、黃昭堂先生，還有如母親般的阮美姝女士，大家一定都在天國期盼著我這本書的問世吧！

當然，更必須特別表達最誠摯謝意的是李登輝前總統以及曾文惠夫人兩位。在台灣，配偶並沒有必要在結婚後更改姓氏，不過夫人一直都以「李曾文惠」來稱呼自己。參拜司馬遼太郎墓園時，夫人託付筆者要送給みどり（MIDORI）夫人的色紙，也是以漂亮的書法字用「李曾文惠」簽名。

能有機會接觸李登輝夫婦一直是我長久以來最大的喜悅。在編輯成書的過程中，更獲得李登輝前總統貴重的推薦序文。我在內心誠摯地期待，李登輝前總統能平安健康，繼續守護台灣、日本與全世界。

二〇一六年十一月七日，李登輝夫婦與筆者。

為了方便台灣與香港的讀者閱讀，本書同時也出版繁體中文版。希望透過「李登輝」這個人物，讓台灣與日本以及鄰近地區的近代史寫實，讓更多讀者過目了解。

在司馬遼太郎先生的著作《台灣紀行》一書中，司馬先生以下述這句話作為結尾。

「關於台灣的事情就此結束。但在腦海裡的雨卻無法停止。」

筆者在此非常厚顏地，謹將本書呈給大前輩司馬遼太郎先生、みどり（MIDORI）夫人，還有完成台灣民主化的李登輝先生與李曾文惠夫人，以及所有台灣人。

再次謹誠摯地表達無比的感謝。

二〇二〇年五月十五日

河崎眞澄

追記：悼念李登輝先生

將近四十年的記者生涯中，在筆者的記憶裡，從未在採訪的過程中，感受到如台灣前總統李登輝先生一般如此強烈，近似「父親個性」領導者般的經驗。

把充滿信念與哲學的理想深藏於胸，無論遇到什麼困難都能忍耐，直到克服一切險阻。內心苦悶地思考著要如何解決介於嚴苛的現實與理想之間的矛盾，進而找出解決方策，並且以堅韌不拔的行動力躬體力行。同時，更對台灣與日本的年輕人，展現自己的背影以成為榜樣。

他的笑容永遠和藹可親，握手溫暖熱情而有力，今天回想起來，就如同理想中的父親之形象。在不知不覺中，筆者被他的「父親個性」所吸引，也成為想更進一步深入採訪李登輝先生的契機。

二〇二〇年七月三十日晚上八點多，看到新聞速報傳來之噩耗，內心湧現出如同失去自己父親般的悲傷。領導統御的本質，應該就是在於具備「父親個性」吧。為了這一個人，願意犧牲性命去完成其所託，李登輝先生就是具備如此的「父親個性」。

筆者在內心排列了亞洲具備「父親個性」的領導者。仍然健在的，或許可以加上馬來西亞的馬哈迪前首相。已前往天國者，則有新加坡的前總理李光耀，還有備受爭議的北越前勞動黨中央委員會主席胡志明，另外中國的周恩來前總理也可記上一筆。此外，或許如發起辛亥革命的孫文（孫中山）先生，應該都是因為具備吸引人的個性，才會擁有如此的人生之道。

在日本，則有中曾根康弘前首相，以及或許在性質上稍有差異，但田中角榮前首相強韌的行動力，也可視之為擁有「父親個性」。遺憾的是，長期被視為與李登輝先生有著師徒關係的安倍晉三首相（譯者註：作者書寫本文時安倍晉三先生仍然擔任日本首相），雖然具備柔軟的溝通協調能力，卻缺乏「父親個性」。在李登輝先生最後一次（二〇一八年六月）前往沖繩訪問時，安倍首相雖然也因為參加慰靈儀式前往沖繩，卻沒有拜訪李登輝先生就直接返回東京了。

與李登輝先生同年，知名的政治學者彭明敏先生，七月三十一日在台灣的《自由時報（電子版）》，以「李登輝與我」為題投稿，當中描述身為台灣人的李登輝，以及身為中國國民黨黨主席的李登輝，「有兩個互相矛盾的身分在李登輝的身上結合在一起」。彭明敏先生二〇一九年五月接受筆者採訪時，曾提到：「李登輝是雙重人格。」

成為政治犯，長年流亡海外生活的彭明敏先生，與最終在台灣成為總統的李登輝先生，實際上在終戰後的同一時期編入台灣大學，兩人也曾是可以在校園內一起論事的「親密好友」。對於彭明敏先生來說，以威權政治迫害台灣人的國民黨，是必須予以唾棄推翻的政權。但是，在一九七一年流亡美國時，風聞李登輝先生加入國民黨，彭明敏先生心裡的感想就是，「這真的是李登輝的處事風格」。

因為都擁有一顆愛台灣的心，而連結在一起的兩人，為了貫徹理想，彭明敏先生不得不選擇遠走他鄉，亡命天涯，從海外批判國民黨政權。而李登輝先生則選擇進入國民黨，抱持著堅毅的忍耐力，從內部進行改革與民主化。同齡的兩人，雖然人生走在完全對立相異的命運，但是，在內心深處應該是有能相互連結的共同處。

彭明敏先生一語道破：「雙重人格」。不過實際上，筆者個人認為，李登輝先生至少應該具有三種人格。只是，這三種人格之間，並沒有任何矛盾。每一種人格，都是李登輝實實在在的姿勢與態度。

第一種人格，是受到西田幾多郎的《善的研究》、新渡戶稻造之《武士道》等日本人式的哲學，以及對於基督教深刻的信仰，所影響之農業經濟學博士，也是台灣大學教授之李登輝。在這一部分，主要的思考與使用的語言，應該是日語或英語。

第二種人格，是熟知中華帝王政治的權謀算計，而在中國國民黨內部崛起的實力政治家之李登輝。使用的語言，當然就是華語。

第三種人格，是那個使用閩南語（也就是台語），打從內心深處熱愛台灣這塊土地、自己的故鄉之台灣人老爺爺，阿輝伯。

每一個都是真實的李登輝先生。卻由於所使用的語言、態度與說話內容而有些許差異。偶爾，也可能加入了變數，也就是李登輝先生本人繼承的血緣，亦即漢民族的一支：「客家」之思考模式。

他雖然不會客語，但是從他絕對不屈服於困難的堅忍毅力，以及尋求現實解決方法的態度，都能感受到濃厚的客家氣息。不過，無論是哪一個角色，在李登輝先生的內心深處，所存在的信念完全都沒改變。本書正是想要描寫那個徹底頑固、亙久不變的生存之道。

能不能完全理解李登輝先生所展現的「多面性」，成為能否評價「李登輝」這個人物的關鍵之一。至今仍然無法脫離中華思想詛咒束縛的中國共產黨人，稱李登輝先生是「中華民族的垃圾殘渣」。片面地以「垃圾殘渣」來稱呼李登輝先生，如此一刀兩斷式的中世紀古老落伍想法，並無助於理解任何事物。

至於，僅僅看到片面之「親日家」面貌，就一味崇拜李登輝先生，或是批判李登輝先生的人們，這樣的態度也絕對不健全。李登輝先生，是徹頭徹尾的台灣人，由於深愛台灣，因此盡全力奔走於建立與日本、美國之間的戰略關係，這個身影絕對不能被遺忘。

更是由於完全瞭解日本與日本人、或是美國與美國人的好與壞，李登輝先生才有可能抱持著深厚的感情，與日本人或美國人接觸。

或許也有人批評台灣出身的本省人李登輝先生，煽動台灣社會與中國大陸出身的外省人之間的「省籍矛盾（對立）」。確實，李登輝先生是讓台灣人之認同感（歸屬意識）提升的第一人。但是，李登輝先生從未意圖排除外省人，或煽動製造與本省人之間的對立。李登輝先生一直設法試圖要讓外省人融入台灣社會。對於同樣在這個「土地」——台灣生活的所有人們，持續嘗試說服大家，要如同本省人與原住民，能融為一體。

雖然結果看似引起了省籍矛盾，但是在李登輝先生就任總統的一九八八年之前，蔣介石、蔣經國的獨裁時代，本省人根本就不能對外省人提出絲毫異議。好不容易才取得言論自由的台灣人，社會可以開始進行各種議論，也不過僅僅三十年左右的時光。確實，如同鐘擺一般擺盪，導致社會震盪、混亂發生，但是，比起一九八八年之前的政治鎮壓迫害時代，台灣社會不但更加開放，也已經成為民主社會，這個事實絕對不容否認。現實面上，台灣社會與日本社會，都還在發展途中。至於歷史，絕對要用更長的視野來觀察。

當然，針對李登輝時代的「功與過」，對於台灣社會、台灣的外交、與中國之間的關係，的確還有許多值得更深入研究的課題。譬如，國民黨政權與黑社會這種地下勢力之間的暗盤結合，即為其一。李登輝先生是如何運用黑社會勢力，尚有相當多未解明的地方。

將來，如果有機會，我期待能前往台灣的研究所留學，以更為公平的眼光來研究李登輝先生。本書也已經提及，藉由觀察李登輝先生與台灣，絕對可以成為重新反思日本人與日本的對照明鏡，當然也絕對可以深入連結到近現代史上日本與日本人的「功與過」之考察。

李登輝先生已經過世，筆者內心殘留著非常大的遺憾：無論在產經新聞之長期連載〈李登輝秘錄〉，或是本書，本來都刻意不去提及的事情。亦即，日本政府長久以來，一直默默地在討論授勳給李登輝先生，最後卻未能在李登輝先生生前實現。

根據筆者所取得的資訊，安倍政權於二〇一七年前後，內部即開始針對授予李登輝先生勳章之事進行討論，同時也悄悄地與台灣方面溝通協調。但是，也擔心如果此事被報導公開，可能出現反對勢力阻礙，導致對李登輝先生授勳一事被抹殺。

二〇一九年五月十日，當時已經表明要參加次年（二〇二〇）總統大選的前行政院長賴清德先生，在訪問東京之際的歡迎餐會上，向同席的安倍首相之親信，後來成為文部科學省大臣的荻生光一先生（一九六三年生），直接詢問對李登輝先生授勳的相關事宜。

得到的回答是，「並沒有終止！」這句話。亦即，針對授與李登輝先生勳章的討論，實際上尚在持續進行。只是在當時，一九二三（大正十二）年出生的李登輝先生已高齡九十六歲。另一方面，日本政府以及自民黨內部正展開邀請中國的習近平國家主席（共產黨總書記），以國賓身分訪問日本相關準備作業。日本政府內部應該是把習近平訪日列為最優先事項。最後的結果，卻是未能在李登輝先生生前實現授勳一事。

賴清德先生最後選擇與現任的蔡英文總統合作，一起參與總統大選，二〇二〇年一月十一日的總統大選結果，與蔡英文兩人共同贏得勝利，並於五月二十日就任副總統。蔡英文女士與賴清德先生都承繼了李登輝先生誠實自然的政治風格。李登輝先生的「父親個性」也在這裡表現出「保留人才」的成果。

雖然沒有提及成為幻影的授勳之事，筆者在七月三十一日產經新聞的「主張」（專欄）中，寫了以下的內容。

以「民主之父」聞名於世，藉由六次的憲法修訂，從內部改革在戰後以獨裁手段統治台灣的國民黨政權。在此除了表達哀悼之意，更同時要竭盡全部心力，讓守護自由與民主主義的強烈意志，得以繼續傳承給下一個世代。

結束了戰後國民黨政權在台灣施行的反日教育，一直至二〇〇〇年為止，長達十二年的時間，擔任總統的李登輝先生，對於日本統治時代在台灣施行的教育制度，與衛生觀念之普及，公共設施之建設與整備等史實，都重新予以評價，藉由重新編纂歷史教科書，實施教育改革。如果沒有李登輝先生的改革，類似中國或是韓國的反日輿論，勢必繼續留存在台灣。日本政府應該承認李登輝先生的功績，開始檢討授予勳章之事宜。

另外，據聞印刷成冊的日文版《李登輝秘錄》一書，在七月三十日的清晨送抵設置於台北郊外淡水的「李登輝基金會」辦公室。透過秘書早川友久先生聯絡得知，《李登輝秘錄》這本書，在中午過後已被送到李登輝先生的病房。或許是夫人曾文惠女士，也可能是護理師，應該有拿著書籍的封面給躺臥在病榻的李登輝先生過目吧。

當然，李登輝先生已沒有力氣翻閱。病況急轉直下，則是在當天傍晚。雖然只是短短的數小時，此書得以放置在李登輝先生的枕邊。台灣時間七月三十日，十九時二十四分，亦即日本時間二十時二十四分，李登輝先生結束了他九十七歲的生涯。

本追悼文，是二〇二〇年八月十五日，亦即「終戰之日」所撰寫完成。七十五年前，李登輝先生以日本陸軍少尉，在名古屋迎接戰爭結束的這一天，心裡到底在想著什麼？在他最後一次訪問日本，二〇一八年六月二十四日那一天，出席在沖繩縣系滿市和平祈念公園所舉辦的台灣出身陣亡者慰靈祭上，李登輝先生哽咽地說了以下的話語。

「和平與安定的環境，從來都不是理所當然的，反而要有許多人的善意合作與努力不懈的維護才可能得到。」

「戰爭是非常可怕、無情的事情，總是會有許多寶貴的生命被犧牲。但先人犧牲性命指出一條道路，教導我們要如何活下去。」

李登輝先生也以他個人的生命，指引一條光明道路，告訴我們應該如何活下去。最終結束人生旅途前往天國。

二〇二〇年八月十五日

河崎眞澄

附錄

奇幻的演講原稿

——「日本人的精神」全文

跨越危機時代的指針

經濟新人會森本會長、三田祭幹事會各位幹部、各位來賓，大家好！承蒙剛剛主席的介紹，在下就是李登輝。

此次三田祭舉行之前，勞煩金美齡女士、經濟新人會森本會長及河野教授，千里迢迢特地於十月十五日前往台灣，邀請我在經濟新人會主辦的「三田祭」活動以「日本精神」為題發表演講。當然，這是相當困難的題目，但我還是當場答應了。我之所以答應，有幾點理由。

首先，三田祭幹事會的各位都是年輕學生，卻很想了解日本精神，可見大家非常關心日本的現狀與將來。知道日本有這麼多優秀年輕人，我非常感動，所以義無反顧，當然得來日本和各位切磋切磋。

其次，我出生在日本過去的殖民地台灣，深受日本這個國家厚實的教育與思想涵養。最近又剛寫完一本介紹新渡戶稻造先生的《武士道》，也就是「日本精神」的書籍，對於日本精神的內涵與特質，有更多深入的思考，希望藉此機會與各位分享，就教於大家。

今天，人類社會面臨前所未有的巨大危機。二十世紀已結束，規模遍及全球的大戰及眾多骨肉相殘、慘不忍睹的內戰與民族紛爭已經過去，人們期待二十一世紀將帶來和平與繁榮，卻不料事局更加紊亂，二〇〇一年九月十一日爆發紐約與華盛頓等地令人震撼的恐怖攻擊事件。

值此重大危機，世界有數的經濟大國且長期以來堅持和平的日本這個國家以及日本人，當然會受到國際社會更多的期待與要求，希望這個國家扮演更積極的角色。我為什麼說「當然」？原因是，上千年來累積的「日本文化」的光輝歷史與傳統，已成為全球六十億人口的最佳示範，獲得各國民眾的尊敬與信賴。因此我相信，日本這個國家有資質與實力來領導國際社會前進。

那麼，什麼是領導國際社會前進的「資質」與「實力」？

答案很簡單，就是日本人最值得自豪、可適用於古今東西而無謬誤的普遍價值——「日本精神」。換言之，人類社會要解決眼前可怕的危機狀態，絕對需要以「日本精神」這種精神作羅盤指針。

但可惜的是，如此珍貴且無可比擬的日本精神及其特有的指導理念及道德規範，日本人於一九四五年之後卻全盤否定，認為日本過去所作所為都是錯誤，必須徹底「自我否定」。也許，日本戰前政治、教育或文化方面曾犯有一些錯誤，但我相信，這個國家仍有許多非常優秀、非常值得敬佩與學習的地方，所以，看到日本社會陷入「自我否定」的漩渦，我不免憂心痛心起來，深深期許日本以及日本人絕不可對自己失去信心。我原本就在想，我心裡這些話一定要找日本有志之士分享，所以，這也是我立刻答應三田祭邀約的重要原因。

平實而論，我個人並沒有足夠的實力以抽象理論為各位解析「日本精神」的內涵與面貌。在此我也不打算借用蔡焜燦先生的大作《台灣人與日本精神》進行說明，我想，要讓各位優秀的日本年輕人了解「日本精神」，最好有具體例證，才能清楚呈現日本精神的普遍價值，拾回日本人的驕傲，並且產生「有為者亦若是」的決心，自許成為偉大「日本精神」的堅定實踐者。

爲台灣水利事業奉獻心力的八田與一

也許大家不知道，有個日本人非常受台灣人愛戴與懷念，他就是八田與一。

為什麼我突然提到八田與一？大家可能覺得很奇怪，這個人是誰，他好像不是總督，也不是重要官員。各位有所不知，八田正是灌溉面積達十五萬公頃、嘉惠農民超過六十萬人的烏山頭水庫與嘉南大圳的建造者。因為有如此完善、在當時堪稱全球最先進的灌溉系統，才能讓無數民眾豐衣足食，所以，八田與一夫妻過世後，當地民眾為他們蓋了墳墓與銅像，每年忌日都有許多人前往祭拜，認為八田是台灣人的守護神，發自內心深深感謝他的恩德。

八田與一先生一八八六年出生於石川縣金澤市，第四高等學校畢業後進入東京帝國大學土木工學系就讀。一九一〇年大學畢業後，他立即前往台灣總督府土木局任職，一直到五十六歲過世為止，幾乎都在台灣度過，為台灣盡心奉獻。

一八九五年台灣成為日本領土時，人口大約三百萬人，社會治安混亂，許多民眾有吸食鴉片的習慣，衛生方面則是瘧疾與霍亂等傳染病盛行，是非常落後的地方。但因為叛亂問題尚未解決，前三任總督大部分的力氣都用來討伐抗日游擊隊，一直到第四任總督兒玉源太郎一八九八年上任，以後藤新平為民政長官，才開始進行大規模開發。八田與一先生前往台灣之前，後藤新平時代已於一九〇六年結束。雖然後藤新平為台灣近代化打下重要基礎，但因為之前實在太落後，所以後藤離職時，台灣河川水利事業與土地改革工作仍是一片空白，這也正是八田先生赴台之後全力投入的項目。

台灣赴任不久，八田先生就前往台北南方不遠處的桃園台地，研究在當地開鑿農業灌溉水路的可能性，不久完成「桃園大圳」的設計，並於一九一六年開工，一九二一年完成，灌溉面積達三萬五千公頃。這便是今日石門水庫的前身。

桃園大圳興建期間，舊台南州成立嘉南大圳水利組合（水利會），八田便辭去總督府的工作，加入該組合，連續十年擔任烏山頭貯水池事務所長，工作重點就是興建烏山頭水庫及嘉南平原的灌溉系統。這項工程非常浩大，準備使用土堰堤築造工法，建造蓄水量達一億六千萬噸的烏山頭水庫。為豐裕水源，特地從曾文溪開挖取水隧道，然後，為了灌溉嘉南平原十五萬公頃的農田，另外興建北濁水溪幹線與南烏山頭水庫幹線兩大灌溉系統，終於使嘉南平原的農田全面獲得灌溉水源。

整個工程完成後，嘉南平原的農業生產量遽增，每年稻米、甘蔗及雜作的產量高達八萬三千噸。八田先生為了這項工程，投注了整整十年歲月，用了（當時幣值）五千四百萬元，終於在一九三〇年完成東亞首屈一指的灌溉土木工程。此時八田不過四十歲而已。特別是嘉南大圳完工時，全球土木界驚嘆聲連連，六十萬的當地農民更是對八田衷心感佩，尊稱其為「嘉南大圳之父」。

八田先生留給台灣的三件事

為何八田與一至今仍深受台灣人懷念？我們不妨參考古川勝三先生的著作，古川先生認為，八田與一對台灣有三大貢獻。

首先是嘉南大圳。原本夏澇冬旱的嘉南平原，水庫與灌溉系統完成之後，一躍成為台灣最大的穀倉。其次，八田先生有一套獨特的做事方法，非常有效率。第三，八田先生的人生觀與思想，至今仍值得日本人引為典範。

以下針對這幾點做更具體的說明。

一、首先讓我們了解嘉南大圳的特徵。一，它的灌溉面積約十五萬公頃，其中濁水溪系統五萬二千公頃，烏山頭水庫系統九萬八千公頃。灌溉方式為三年輪作給水法。二，烏山頭水庫堤堰長一二七三公尺、高五六公尺，蓄水量一億五千萬噸。土堤堰採取「半透水式」工法。三，灌溉水道總長度一萬公里，排水道六千公里，主護岸與堤防長度二二八公里。

令人不敢置信的是，八田先生開始設計這項規模龐大的土木工程時，只三十二歲而已，並且三十四歲就成為工程總督導，如此優異的才能令人佩服，說八田「非常偉大」也不為過。也許大家聽過日本現代農業用水事業代表作、戰後興建的愛知農田灌溉系統，但嘉南大圳規模比愛知灌溉系統大十倍！此外，烏山頭水庫是東亞唯一濕地堤堰建造的水庫，美國土木協會還特地在學會雜誌介紹這項成就，並將該水庫稱為「八田水庫」。不過，嘉南大圳硬體完成，還得建立有效的管理軟體才能發揮機能。於是，八田先生透過農民組合，協助農民灌溉用水技巧，費了很大的力氣，到了第三年終於有了顯著成果，原本有許多不毛之地的嘉南平原，終於變成台灣最重要的穀倉。

其對於農民的主要貢獻有：一，一舉為農民除掉洪水、乾旱與鹽害三大痛苦。二，採取三年輪作給水法，農民的耕種技術與稻作產量全面提昇。三，原本是無人問津的不毛之地，有了水利滋潤，地價立刻翻漲二、三倍，整體增值達九千五百四十萬元，幾乎是總工程費的兩倍。四，農民生活產生巨大改變，農作物有了更好的收成，便有能力蓋新房子、提供子女就學，等等。

二、八田做事有獨特方法，效率極高。以規模巨大的嘉南大圳工程為例，他並沒有遵照一般作法，而是以自己的創見，決定使用「半透水式」工法。

這是東方國家首見的技術，就連美國也不曾應用在大規模的工事上。但八田認為，嘉南大圳必須如此處理，才能盡善盡美。

主要理由之一是嘉南平原地震頻繁。當地有許多斷層，曾發生強度超過六的地震，所以，用黏土內包鋼筋的方式建造堤堰，可遮斷水往外浸透，也能防止堤堰潰決。不過，要建造如此大規模的土堤，得使用三百萬噸砂土與微細黏土，所幸當地能充分供給，工程不成問題。

由於採取日本不曾有的工法與技術，除了徹底的紙上研究作業外，八田先生還特地前往美國考察，終於確信採取這項工法與相關設計的正確性。雖然針對水壩高度與如何洩洪的問題，全球半透水式權威傑斯金（Jill Justin）有不同的看法，八田仍毫不畏懼地與之辯論，最後仍決定照自己原先的設計施工。結果七十年之後的今天，烏山頭水庫蓄水量仍超過一億噸，可見八田當初多麼高瞻遠矚。

其次，整個工程採用大型土木機械。當時台灣人力過剩，許多人認為使用機械浪費資金，建議八田雇用大量民工。照八田的計畫，添購各項土木機械的預算達四百萬元，是整個堤堰工程與烏山頭隧道工程費的二五％。但八田有其堅持，認為如此巨大的堤堰若以人力建造，可能十幾、二十幾年都沒辦法完工。工程晚一天完成，這十五萬公頃的土地就多荒廢一天。反之，花較多錢購買昂貴機械，但能縮短工期，早日讓嘉南平原成為生雞蛋的金雞母，比較起來還是划算。結果，事後大家都不得不佩服八田的遠見，而且，這些用來興建水庫的大型土木機械，之後在開發基隆港與台灣許多重大建設上，都發揮非常大的威力。

第三，他特地興建烏山頭職員宿舍。八田先生相信，「有好的環境才能讓員工安心做好工作」，所以工程開動，就先在烏山頭興建兩百戶職工宿舍，以及醫院、學校、大浴場以及箭術練習場、網球場等娛樂設備，提供完善的生活機能。

除了硬體之外，他也注意軟體配套，常在職工宿舍安排戲劇表演、放映電影、舉行慶典活動，打造一個生活和諧、向心力非常強的員工社區。八田先生的信念是，工程由人完成，只要善待做事的人，就不必擔心事情做不好。如此先進的經營管理觀念，即使放在今天，也絕不比任何企業經營者遜色。

第四，他大膽引進三年輪作給水法制度。八田判斷，即使烏山頭水庫蓄水量高達一億五千萬噸，面積達十五萬公頃的土地若要同時給水，只靠這座水庫與濁水溪的取水量，勢必不足。在此情況下，一般人可能會先想到縮小給水面積，但八田不這麼認為，讓更多人享受灌溉水利是他的終極目標與理想。八田先生也像一般水利工程技術人員，水庫與水路興建完成就走人。

相反地，他念茲在茲希望提高嘉南平原的農業生產，讓農民過得更富裕，終於想出嘉南大圳區域內的土地以五十公頃為一小區，一百五十公頃為一大區，每個小區域三年內輪種水稻、甘蔗、雜穀的方法，這就是著名的「三年輪作給水法」。其操作方法為，種水稻者充分給水；種甘蔗者只有在種植期給水；雜穀則不給水。至於給水路，控制方法簡單，就是設置水門，要讓水跑到什麼地方都可以自由決定。

日本精神之優點在於眞心奉行

最後，讓我們看看以獨特工法完成艱鉅大工程的八田與一，其人格、思想與人生觀。

八田與一先生不只技術能力超群，同時也是值得敬仰的人格者。雖然面對殖民地人民，但他完全不在乎階級、頭銜、人種，乃至於民族差異。也許只能說，這是八田先生天性使然，但如果他不是生長在金澤這樣人文薈萃、民風優美之地，如果他不是日本人，恐怕很少「統治者」能有如此的寬闊胸懷。

比如，嘉南大圳施工期間，十年總計一百三十四人犧牲。大圳完工後，八田先生要求興建殉工碑，一百三十四位犧牲者全列名其上，並未將日本人擺在前面。

後來受關東大地震（一九二三年）影響，中央政府預算吃緊，烏山頭水庫工程經費被迫大幅削減，八田先生只好裁員。此時幹部建議，「應保留優秀者，以免對工程進行不利」，但八田卻認為，「大型工程非少數幾個優秀員工就可完成，貢獻最大的其實是為數眾多的下階層勞工，更何況能力強的人容易再找到工作，能力不強的一旦失業就生活無著……」

結果，為了保障能力較弱者的生計，八田先生忍痛解僱部分優秀職工。這是他充滿人道關懷的一面。八田先生類似這樣體貼部下、敬重前輩與上司的事倒不勝枚舉，嘉南平原地區的民眾也對他更加景仰。

到了一九四二年三月，八田先生被陸軍聘為「南方開發派遣要員」，當年五月七日搭乘一萬四千噸的大型客船「大洋丸」，準備前往菲律賓改善當地的水利工程，不料途中被美國潛水艇魚雷攻擊，大洋丸沉沒，八田與一先生也因此殉難，享年五十六歲。三年後日本戰敗，在台日人遣返本土之際，八田夫人為了追隨丈夫奉獻生命予這片土地的心願，從烏山頭水庫放水口跳下殉身，享年四十六歲。

好友司馬遼太郎先生在《台灣紀行》之中對八田先生的為人與處世格局之大，有詳細描述，有興趣的同學不妨參考。

在此，我必須強調八田與一先生完完全全展現了巍峨高尚、令人敬佩的日本精神。所以，要是有人不了解什麼是「日本精神」，很簡單，只要看看八田先生的一生事蹟就可明瞭。

第一，我們可清楚從八田先生身上感受日本數千年來累積的崇高形而上價值與道德觀。不僅如此，八田先生以他的一生作為體現「人應如何生活？」的最佳哲學與理念，其甘於清貧、為國家百年大計奉獻的情操氣魄，實在值得年輕世代仿效。而「克己奉公」的精神，正是日本這個國家及日本人一向最珍視的精神。

第二，傳統與進步，兩種表面上看起來相反的概念如何昇華、統一，是令許多人頭疼的問題。現在日本年輕人過度重視物質生活，眼中只有表象的進步，卻忽略了更重要的精神傳統與文化，如前所述，八田先生興建嘉南大圳的工程期間，必須不斷調和傳統與進步等不同觀念，採取最合乎成本效益的做法。以「三年輪作灌溉」的設計為例，這是當時最先進的灌溉工程，但最重要的其實是八田先生背後的傳統「重農思想」與「公義觀念」。正因為他關懷農民生計，正因為他不希望有人餓肚子，所以除了做好硬體工程之外，他還絞盡腦汁想出這種兩全其美的辦法。可見只要是「真理」，即使傳統價值觀也能繼續存在。所謂「日本精神」與日本國民的人格特質，最難能可貴的，不就是這種人的關懷以及對公義的重視嗎？

第三，八田先生夫妻至今備受台灣人尊敬，許多人一想到他們就眼眶泛紅，最重要原因之一就是兩人徹底實現了重義、誠信以及率先垂範、實踐躬行的日本精神。可見，日本精神的優點不能只靠嘴巴宣傳，最重要的是實際作為，以真心展開行動。

今天不管大家願不願意，人類社會已進入「全球化時代」。此時每個人都得認真地問自己，「我到底是誰？」、「我為何存在？」等問題。換言之，自我認同已成為現代人最重要的生命課題，而我相信，日本人要重建完整的道德體系，絕對得先恢復具有悠久優良傳統的「日本精神」。

所以，今天藉此機會和各位緬懷八田與一先生的功績，感受他人格與思想的偉大，希望大家能從八田先生身上深刻體會「日本精神」這種崇高價值。

演講就進行到這裡。謝謝大家。

李登輝及其家族年表

◎為台灣與中國重要事件

一九二三年一月	李登輝誕生於台北州三芝鄉（大正十二年一月十五日）
一九二六年三月	同鄉的曾文惠誕生（大正十五年三月三十一日）
一九四一年四月	進入台北高等學校就讀
一九四三年八月	自台北高等學校提前畢業
一九四三年十月	進入京都帝國大學農學部農林經濟科就讀
一九四三年十二月	志願進入舊日本陸軍、隸屬於高射砲部隊
一九四五年二月	兄長李登欽於菲律賓戰死
一九四五年八月	日本戰敗，李登輝以少尉銜自陸軍除役
一九四五年十月	◎日本將台灣行政權讓渡予中國國民黨政權
一九四六年四月	編入台灣大學農業經濟學系

一九四七年二月　◎台灣發生二二八事件

一九四八年五月　◎國民黨政權頒布「動員戡亂時期臨時條款」

一九四八年八月　自台灣大學畢業，擔任農學部助教

一九四九年二月　與曾文惠結婚（二月九日）

一九四九年五月　◎警備總司令部於台灣全境發布戒嚴令

一九四九年十月　◎中國共產黨政權之「中華人民共和國」於北京成立

一九四九年十二月　◎蔣介石與國民黨政權之「中華民國」遷移至台灣

一九五〇年九月　長男憲文誕生

一九五二年一月　長女安妮誕生

一九五二年三月　至美國愛荷華州公費留學碩士課程

一九五三年四月　返台後擔任台灣大學助教授、兼任台灣省農林廳經濟分析官

一九五四年六月　次女安妮誕生

一九五四年十二月　◎簽訂中美共同防禦條約

一九五七年七月　擔任中央部會農村復興聯合委員會（農復會）技士、台灣大學副

一九六一年四月　接受基督教洗禮儀式

一九六一年六月　任職農復會期間於東京出差時，密訪流亡獨立運動家王育德教授

一九六五年九月　獲得美國獎學金前往美國康乃爾大學修讀博士

一九六八年七月　取得農學博士後返台，擔任台灣大學教授、農復會技正

一九六九年六月　遭警備總司令部帶走，接受調查一週後釋放

一九七〇年四月　◎在美國紐約發生蔣經國暗殺未遂事件

一九七一年十月　加入國民黨

一九七一年十月　◎中華人民共和國加入聯合國取得「中國代表權」，台灣退出聯合國

一九七二年六月　蔣經國就任行政院長，任命李登輝擔任政務委員

一九七二年九月　◎日本田中角榮政府與中國建交，與台灣斷交

一九七五年四月　◎總統蔣介石逝世，副總統嚴家淦繼任，蔣經國擔任國民黨主席

一九七八年五月　蔣經國就任第六屆總統、六月任命李登輝擔任台北市長

一九七九年一月　◎美國與中國建交、與台灣斷交，四月制定《台灣關係法》

一九七九年十二月　◎高雄發生美麗島事件

一九八一年十二月　就任台灣省主席

一九八二年三月　長男憲文因鼻咽癌年僅三十一歲過世

一九八四年五月　◎蔣經國就任第七屆總統、李登輝為副總統

一九八四年十月　◎著有《蔣經國傳》的江南在美國遭暗殺身亡

一九八五年二月　出訪南美洲回程過境美國舊金山與日本東京

一九八六年九月　◎第一個在野黨民主進步黨（民進黨）成立

一九八七年七月　◎蔣經國總統解除長達三十八年之戒嚴令

一九八七年十一月　◎開放至中國大陸探親

一九八八年一月　◎解除報禁、報導自由化

一九八八年一月　蔣經國逝世，李登輝副總統繼任第七屆總統

一九八八年一月　命令參謀總長中止核武的秘密開發計畫

一九八九年三月　訪問新加坡，與總理李光耀會面，開啟實質外交

一九八九年六月　◎學生要求民主化之北京天安門事件發生

一九九〇年一月　◎以「台澎金馬」名義申請加入ＧＡＴＴ（ＷＴＯ前身）

一九九〇年三月　◎台北發生要求民主化之野百合學生運動

一九九〇年五月　就任第八屆總統、特赦二十位政治犯、恢復十四人公民權

一九九〇年六月　任命郝柏村擔任行政院院長

一九九〇年六月　西安事件首謀張學良解除軟禁，睽違五十三年出現在公開場合

一九九〇年十月　召開「國是會議」，與在野黨達成總統直選、修改憲法的共識

一九九〇年十月　◎國家統一委員會成立

一九九一年四月　◎初次憲法修正，廢止動員戡亂時期臨時條款，國共內戰畫下休止符

一九九一年十一月　◎以「中華台北」名義正式加入ＡＰＥＣ

一九九一年十二月　未曾改選過的國大代表與立法委員全數退任

一九九二年八月　解除海外黑名單，廢除警備總司令部

一九九二年九月　◎美國老布希政府決定售給台灣一百五十台Ｆ16戰機

一九九三年二月　◎郝柏村內閣總辭，連戰任行政院院長

一九九三年四月　◎於新加坡舉行兩岸高層會議

一九九四年二月　以「度假外交」形式非正式訪問菲律賓、印尼與泰國，發表推動「南向政策」

一九九四年三月　與司馬遼太郎對談，在四月出刊的雜誌上發表「生為台灣人的悲哀」

一九九四年五月　出席南非曼德拉總統就職典禮，回程順訪新加坡

一九九四年十二月　美國老布希總統以「高爾夫外交」非公式訪問台灣

一九九四年十二月　◎民進黨籍陳水扁當選台北市長

一九九五年二月　以「國家元首」身分向二二八事件受難者謝罪

一九九五年六月　以私人身分訪美，於康乃爾大學以台灣的民主化為題演講

一九九五年七月　中國以軍事演習為名向台灣海峽發射彈道飛彈武力威脅

一九九五年十二月　◎美國柯林頓政府派遣航空母艦前往台灣海峽牽制中國

一九九六年三月　於台灣首次總統直選中，以百分之五十四得票率獲得壓倒性勝利

一九九六年五月	就職第九屆總統，副總統為連戰
一九九七年三月	與訪台之西藏佛教最高領導人第十四世達賴喇嘛會談
一九九七年七月	◎英國歸還香港主權予中國
一九九七年九月	以台灣史為重心編纂的中學課本《認識台灣》開始使用
一九九八年一月	◎南非與中國建交，與台灣斷交
一九九八年十二月	凍結台灣省
一九九九年五月	《台灣的主張》一書台日同時出版
一九九九年七月	接受德國媒體採訪時，發表兩岸為「特殊國與國關係」
一九九九年九月	◎發生芮氏規模七點六的九二一大地震
一九九九年十二月	◎決議導入日本新幹線的高速鐵路車輛系統
二〇〇〇年三月	◎民進黨籍陳水扁當選總統，李登輝因國民黨敗選辭去黨主席一職
二〇〇〇年五月	◎陳水扁就任第十屆總統，台灣史上首次民主政權轉移
二〇〇一年四月	睽違十六年偕同夫人訪日，於岡山接受心臟病治療
二〇〇一年六月	再度訪問美國康乃爾大學

二〇〇一年八月　創立新政黨台灣團結聯盟

二〇〇一年十二月　創立智庫「群策會」

二〇〇二年一月　◎以「台澎金馬」名義正式加入WTO

二〇〇二年十一月　原預定於應慶義塾大學演講，因日本外務省拒絕發給簽證而取消

二〇〇四年二月　抗議中國對台架設飛彈，兩百萬人組成「人鏈」

二〇〇四年三月　◎陳水扁再度連任總統

二〇〇四年十二月　家族旅行訪日，於名古屋、金澤、京都等地觀光。睽違六十一年與恩師再會

二〇〇六年二月　出席烏來之「高砂義勇兵戰歿者慰靈碑」遷移典禮

二〇〇七年六月　獲第一屆「後藤新平賞」

二〇〇七年六月　訪日途中首次參拜祀有亡兄的靖國神社

二〇〇八年三月　◎國民黨馬英九當選總統，第二次政權轉移

二〇〇九年九月　參訪高知坂本龍馬紀念館，接觸「船中八策」

二〇一二年八月　成立以群策會為班底之李登輝基金會

二〇一四年三月　◎台北發生反對馬英九政府對中政策的學生抗議運動「太陽花學生運動」

二〇一四年八月　國安密帳案法院宣判無罪，檢調不再上訴，無罪定讞

二〇一六年三月　◎民進黨蔡英文當選總統，第三次政權轉移

二〇一八年六月　訪問沖繩，參加台灣人戰沒者慰靈式

二〇二〇年一月　連任成功的蔡英文總統拜訪李登輝報告勝選

二〇二〇年四月　◎美國總統川普簽署防止台灣外交孤立之國內法台北法案

參考文獻

《激流に立つ台湾政治外交史》井尻秀憲（ミネルヴァ書房）
《李光耀回憶錄》李光耀（世界書局）
《街道をゆく　四十　台湾紀行》司馬遼太郎（朝日新聞社）
《傳略蘇志誠》鄒景雯（四方書城）
《李登輝執政告白實錄》鄒景雯（印刻出版）
《台灣史小事典》吳密察監修（中国書店）
《綜合教育讀本》（復刻版、清水公學校）
《台湾を知る　台湾国民中学歴史教科書（認識台灣　歷史篇）》（雄山閣）
《日本統治下　台湾の皇民化教育》林景明（高文研）
《台灣總督府》黃昭堂（鴻儒堂出版社）
《武士道解題》李登輝（小学館）
《哲人政治家の原点　李登輝》黃文雄（ワック）
《後藤新平　日本の羅針盤となった男》山岡淳一郎（草思社）
《台湾の父　李登輝総統を思う》柏久（北斗書房）

《李登輝の偉業と西田哲学》柏久（産經新聞出版）
《台湾の主張》李登輝（PHP研究所）
《新・台湾の主張》李登輝（PHP新書）
《李登輝訪日日本国へのメッセージ》日本李登輝友の会編（まどか出版）
《台湾人と日本精神》蔡焜燦（小学館）
《蔣経国と李登輝》若林正丈（岩波書店）
《裏切られた台湾》ジョージ・H・カー（同時代社）
《沖縄と台湾を愛したジョージ・H・カーの思い出》比嘉辰雄・杜祖健（新星出版）
《TAIWAN'S STATESMAN》Richard C. Kagan（Naval Institute Press）
《還ってきた日本人日本兵》河崎眞澄（文藝春秋）
《台湾植民地統治史》林えいだい（梓書院）
《二つの祖国を生きた台湾少年工》石川公弘（並木書房）
《王育德自傳暨補記》王育德、王明理（前衛出版社）
《李登輝・その虚像と実像》戴國煇、王作榮（草風館）
《台湾二二八の真実》阮美姝（まどか出版）
《逃亡》彭明敏（玉山社）

《台湾建國》宗像隆幸（まどか出版）
《台湾政治における蔣経国の「本土化政策」試論》林泉忠〔論文〕
《台湾　分裂国家民主化》若林正丈（東京大学出版会）
《愛と信仰》李登輝（早稲田出版）
《高俊明回憶錄》高俊明（前衛出版社）
《見證台灣―蔣經國總統與我》李登輝、張炎憲（允晨文化實業）
《虎口の総統　李登輝とその妻》上坂冬子（講談社）
《少數統治的原理―政治權力的結構》原田剛著・李憲文譯（黎明文化事業）
《台灣農地改革對鄉村社會之貢獻》李登輝編〔私家版〕
《台湾》伊藤潔（中央公論新社）
《我所知的四二四事件內情》陳榮成（前衛出版社）
《蔣經國傳》江南（劉宜良）（前衛出版社）
《姚嘉文追夢記》姚嘉文（關懷文教基金會）
《李登輝伝》伊藤潔（文藝春秋）
《台湾経験と冷戦後のアジア》井尻秀憲（勁草書房）
《郝柏村回憶錄》郝柏村（遠見天下文化出版）

《台湾の政治》若林正丈（東京大学出版会）
《張學良の昭和史最後の証言》NHK 取材班（角川書店）
《リー・クアンユー回顧録》リー・クアンユー（日本新聞社）
《李登輝總統訪談錄（四）》張炎憲編（國史館）
《李登輝政権の大陸政策決定過程》黃偉修（大學教育出版）
《日台の架け橋として》江丙坤（日本工業新聞社）
《台湾総統選挙》小笠原欣幸（晃洋書房）
《検証　李登輝訪日　日本外交の転換点》衛藤征十郎、小枝義人（ビインク・ネット・プラス）
《國民中學「認識台灣」（歷史編）》（國立編譯館）
《誰是中國人》林泉忠（時報文化出版企業）
《台湾大地震救済日記》李登輝（PHP 研究所）
《揺れた　崩れた　でも頑張った》台中日本人会編（台中日本人会）
《南の島の新幹線》田中宏昌（ウェッジ）
《為主作見證》李登輝（遠流出版事業）

李登輝秘錄

作　　者　河崎眞澄
譯　　者　龔昭勳
監　　修　李明峻

責任編輯　楊佩穎
封面設計　江孟達工作室
內頁排版　李偉涵

國家圖書館出版品預行編目 (CIP) 資料

李登輝秘錄 / 河崎眞澄著；龔昭勳譯 . -- 初版 . -- 臺北市：前衛出版社，2021.07
面；　公分
ISBN 978-957-801-950-8（平裝）

1. 李登輝 2. 臺灣傳記

783.3886　　110008494

出 版 者　前衛出版社
地址：10468 台北市中山區農安街 153 號 4 樓之 3
電話：02-25865708 ｜傳眞：02-25863758
郵撥帳號：05625551
購書・業務信箱：a4791@ms15.hinet.net
投稿・編輯信箱：avanguardbook@gmail.com
官方網站：http://www.avanguard.com.tw
出版總監　林文欽
法律顧問　南國春秋法律事務所
總 經 銷　紅螞蟻圖書有限公司
地址：11494 台北市內湖區舊宗路二段 121 巷 19 號
電話：02-27953656 ｜傳眞：02-27954100
出版日期　2021 年 7 月初版一刷
2021 年 8 月初版三刷
定　　價　新台幣 400 元

Printed in Taiwan　ISBN 978-957-801-950-8
＊請上『前衛出版社』臉書專頁按讚，獲得更多書籍、活動資訊
https://www.facebook.com/AVANGUARDTaiwan

RITOKI HIROKU
By Masumi KAWASAKI